我有一双天使的翅膀

阴雨后的晴空
—— 聆听励志的箴言

◇主 编/杨 晶

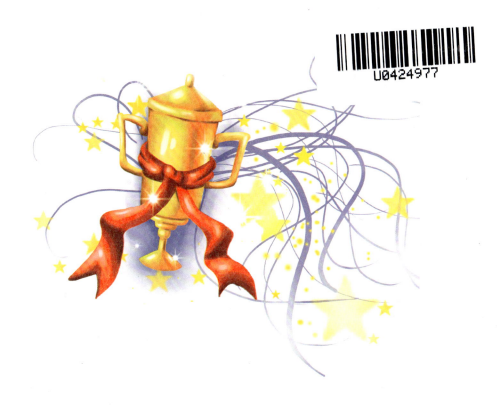

哈尔滨工业大学出版社
HARBIN INSTITUTE OF TECHNOLOGY PRESS

图书在版编目（CIP）数据

阴雨后的晴空:聆听励志的箴言 / 杨晶主编. —哈尔滨：哈尔滨工业大学出版社，2014.6
（我有一双天使的翅膀）
ISBN 978-7-5603-4626-7

Ⅰ.①阴… Ⅱ.①杨… Ⅲ.①儿童故事–作品集–中国–当代 Ⅳ.①Ⅰ287.5

中国版本图书馆CIP数据核字（2014）第040876号

编者声明

本书的编选，参阅了一些报刊和著作。由于联系上的困难，我们与部分作者未能取得联系，谨致深深的歉意。敬请原作者见到本书后，及时与我们联系，以便我们按国家有关规定支付稿酬。

联系电话：0451-86417530

我有一双天使的翅膀

阴雨后的晴空——聆听励志的箴言

策划编辑	甄淼淼
责任编辑	甄淼淼　常　雨　张鸿岩
插图绘制	孙　宇　刘美玲
封面设计	刘长友
出版发行	哈尔滨工业大学出版社
地　　址	哈尔滨市南岗区复华四道街10号
邮　　编	150006
网　　址	http://hitpress.hit.edu.cn
传　　真	0451-86414049
印　　刷	大庆日报社印刷厂
开　　本	720mm×980mm　1/16
印　　张	10
字　　数	112千字
版　　次	2014年6月第1版
印　　次	2014年6月第1次印刷
书　　号	ISBN 978-7-5603-4626-7
定　　价	26.80元

前言
Forewords

当春风吹红了桃花,花儿懂得了感谢;

当细雨滋润了大地,万物懂得了生命的开始;

当阳光照耀着笑脸,我们懂得了生活原来如此精彩……

我们倾注全心给小读者们奉上了本套《我有一双天使的翅膀》系列丛书,包括智慧、哲理、历史和童话等内容的小故事。

整套书文字浅显并配有精美图片,符合学生的阅读水平,所选取的皆为寓意深刻、富含哲理的小故事,堪称经典。此外,每一篇小故事都设有"名人名言"和"小故事大道理"等栏目,可以帮助小读者们更好地理解故事、感悟道理。

衷心希望小读者们能喜欢本套丛书,并且从中学到智慧、悟到哲理、知晓历史、品味读书的乐趣!

第一辑　父亲的教导

8　你努力了吗
10　求学路上奋勇前进
12　成功没有时间表
14　勤能补拙
16　枯井里的青驴子
18　永远的一课
20　难题最怕爱钻研的人
22　燕子筑巢
24　百折不挠的诺贝尔
27　做大自己的心劲
29　数学家华罗庚的故事
31　羊爷爷上学
33　靠眨眼写成的书
35　一鸣惊人
37　父亲的教导
40　命运并不能阻止我们前进

第二辑　梦想的凳子

44　我一定要站起来
46　摔倒了再爬起来
48　残疾冠军
50　不能倒下去
52　拿破仑救人
54　蝴蝶总理
56　适合自己的鞋
58　最重要的动作
60　秘密花园
63　梦想的凳子
66　四个人与一个箱子的故事
68　王子的雕像
70　信念的价值
72　将愿望保持二十五年

我有一双天使的翅膀

第三辑　只要信心不被打碎

- 76　从一粒米成功
- 79　只要信心不被打碎
- 81　哥伦布立志发现新大陆
- 83　征服海洋的人们
- 85　坚强地站起来
- 87　我想登上峰顶
- 89　比打耳光更有力量
- 91　兜里只有五元钱
- 93　大双和小双
- 96　经历暴风雨的小花
- 98　君子报仇
- 100　做最醒目的那一棵树
- 102　愚公移山

第四辑　人生风湿症

- 106　英雄不问出处
- 109　打开另一扇窗
- 113　两群羊
- 116　长得慢的树更能成才
- 118　最好的面包店
- 120　多努力一次
- 122　大师的学生
- 124　人生风湿症
- 127　把理想先放一放

第五辑　拯救自己的人

- 130　十年之后你会怎样
- 133　读书不怕惊雷贯耳
- 135　高贵的施舍
- 138　拯救自己的人
- 141　装满的瓶子
- 143　幸存者
- 146　雕与沙漠
- 149　巴西总统的第一任老师
- 151　不要相信命运
- 154　乐羊子求学
- 156　好好挺着

编者寄语

　　亲爱的小读者们,你们读了这么多励志故事,在其中一定学了不少东西。在我们人生的路上会遇到很多这样那样的困难,也许这些困难让你感到无助,甚至失去信心。但是我要告诉你们:越是坎坷的路,你越是要坚定地走,相信自己,相信生活的使命,勇敢面对挫折。只要你寻觅的眼睛还没有被遮蔽,我相信,你一定会到达成功的彼岸。

第一辑
父亲的教导

你会发现世界上有不少人,他们自认为在对你负责。不要忽视他们的意见,但你只能吸收正确的,并努力去做你认为是正确的事情。

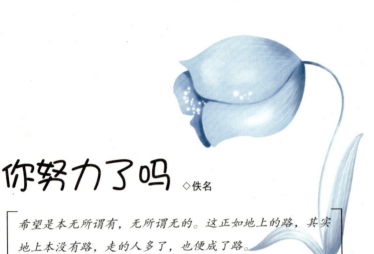

你努力了吗 ◇佚名

[希望是本无所谓有，无所谓无的。这正如地上的路，其实地上本没有路，走的人多了，也便成了路。

——鲁迅]

    1927年，美国阿肯色州一个九岁黑人小男孩的家被洪水冲毁，在洪水即将吞噬他的一刹那，母亲用力把他拉上了堤坡。

    五年后，男孩小学毕业了，但阿肯色的中学不招收黑人，他只能到芝加哥读中学。当时，他的家里没有那么多钱，但母亲却做出了一个惊人的决定——让男孩复读一年，她为五十名工人洗衣、熨衣和做饭，为孩子攒钱上学。

    1933年夏天，家里凑足了那笔血汗钱，母亲带着男孩踏上开往芝加哥的火车。

    在芝加哥，母亲靠当佣人谋生。

    后来，男孩以优异的成绩中学毕业，又顺利地读完大学。

    1942年，男孩创办了一份杂志，而后获得了巨大的成功。男孩终于能做自己梦想多年的事：将母亲列入他的工资花名册，并告诉母亲把自己当成退休工人，再也不用工作了。

那天,母亲哭了,那个男孩也哭了。

后来,在一段反常的日子里,男孩经营的一切仿佛都坠入谷底,面对巨大的困难和障碍,男孩已回天无力。他心情忧郁地告诉母亲:"妈妈,看来这次我真要失败了。"

"儿子,"母亲耐心地问他,"你努力试过了吗?"

"是的,我试过了。"男孩没有一丝信心地回答。

"是吗?是非常努力吗?"

"是的。"

"那很好。"母亲果断地结束了谈话,"无论何时,只要你努力尝试,就不会失败。"

果然,男孩最终度过了难关,攀上了事业新的高峰。

这个男孩不是别人,正是驰名世界的美国《黑人文摘》杂志创始人、约翰森出版公司总裁、拥有三家电台的约翰森。

小故事大道理

人生不如意十之八九,漫漫路途总会出现或多或少的困难。困难来到时,是选择逃避还是勇敢地去面对,不同的选择,结果会大相径庭。只要你坚持不懈、全心全力地尝试,那么你会无往不利,再大的困难也无法将你击倒。

求学路上奋勇前进

◇杨伊

> 必须在奋斗中求生存，求发展。
> ——茅盾

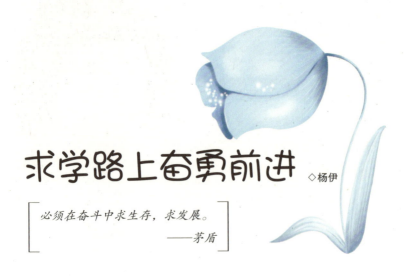

莫瓦桑出生于法国巴黎一个铁路工人家庭，由于家境清贫，他曾几次辍学，跟随父亲学了一点儿化学。

为了听到一些著名科学家的演讲，他常常站在讲堂门外偷偷旁听。

深秋的一天，巴黎自然历史科学院的讲堂里，正襟危坐的院士们聚精会神地聆听着一位著名学者的讲演。正讲到精彩之处，这位学者突然中断了他的讲演，只见他双眉紧锁，指着门外破口大骂："滚开，别站在这里打岔。"肃静的讲堂顿时像开了锅。"这是怎么回事？"院士们彼此询问着，不一会儿讲堂又安静下来了。这时一位年约五十岁的院士，从讲堂里面轻手轻脚地退了出去。他到门外一看，只见一个十来岁的孩子正擦着眼泪走下台阶。啊，他马上明白了，这是一个偷偷来旁听的孩子。他的眼光稍愣了一下，便立刻追了上去，轻轻拍拍孩子的肩膀，亲切地安慰了一番。这个孩子就是后来发现氟元素分析法、发明人造钻石和电气弧光炉，并于1906年荣获诺贝尔化学奖的大化学家莫瓦桑。

莫瓦桑少年时代便对科学有特殊的爱好，有强烈的求知欲望。他家境贫寒，中学毕业后未能继续升学。在圣克拉德维尔的帮助下，莫瓦桑来到了圣克拉德维尔和杜白雷两位化学专家的化验室，做半工半读的学徒。每当专家做完实验，他总是把室内收拾得干干净净，将化学药品排列得整整齐齐。经他写的化学实验记录，一丝不苟，从无遗漏，为此很受两位专家的器重。在圣克拉德维尔的精心培养下，他的学业日益长进。十年之后他以独特的天资和好学的精神，成为一名有影响力的科学家。

小故事大道理

莫瓦桑的生活环境要比现在恶劣许多，他没有钱读书，但他有着强烈的求知欲。他热爱、渴望知识。学习上他一丝不苟，勤奋钻研。正是这样的精神让他成为一名具有很大影响力的化学家。不要把生活的艰辛当作无法学习的借口，学习克服困难是每个人的必修课，跨过它你便成功了一半。

成功没有时间表

◇段田野

> 航海远行的人，必先定个目的地，中途如果不向着这个方向走，恐怕永无达到的日子。
>
> ——李大钊

第二次世界大战时，德国有一个女演员，二十岁那年，因为天生丽质加上演技突出，她被当时的纳粹头目相中，"钦点"为战争专用宣传员。几年以后，德国战败，她因此受到牵连，被判入狱四年。刑满释放之后，她想重回自己喜爱和熟悉的演艺圈。然而，由于历史上的污点，主流电影媒介对她避而远之。十几年过去了，没有人敢雇用她，甚至，没人敢娶她。

她的五十岁生日就这样凄然来到。那天，她喝得大醉，醒来之后，突然做了一个谁也意想不到的决定，只身深入非洲原始部落，采写、拍摄独家新闻。这之后的两年，她克服重重困难，拍摄了大量努巴人生活的照片。这些照片，奠定了她在国内摄影界的地位。

她的奋斗精神和曲折经历深深吸引了一位三十岁的小伙子，他和她是同行。共同的兴趣和爱好让他们超越了年龄的隔阂，抛开外界的舆论走到了一起。在接下来近半个世纪的时光，他们远离人间

的一切是是非非，相敬如宾地恩爱生活着。

为了能够更好地拍摄神秘的海底世界，她在六十八岁那年，她开始学习潜水。随后，她的作品增添了瑰丽多彩的海洋记录，这段海底拍摄生涯一直延伸到她百岁高龄。最后，她的一部长达四十五分钟的精湛短片《水下世界》成为纪录电影的一个里程碑。

这位充满传奇色彩的女性，就是被美国《时代周刊》评为二十世纪最有影响的一百位艺术家中唯一的女性，她的名字叫莱妮·丽劳斯塔尔。她以前半生失足、后半生瑰丽的传奇经历告诉人们：成功没有时间表。

小故事大道理

成功没有时间表。成功向来不挑人，更不挑选时间。只要你付出了努力，成功便会向你招手。

勤能补拙

◇佚名

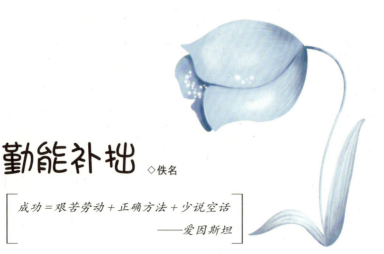

[成功＝艰苦劳动＋正确方法＋少说空话
　　　　——爱因斯坦]

章学诚是清代著名的史学家。他担任过毕秋帆主编的《续资治通鉴》的编纂工作和补修《史籍考》的主要工作，亲自编纂过《和州志》《永清志》《永定河志》《常德府志》《湖北通志》等许多方志，提出了一套系统的方志学理论。他一生的著作收在《章氏遗书》中，其中《文史通义》《校雠通义》被公认为史学、古典目录校雠学的两大名著。

章学诚这样一位颇有建树的学者，却是一个天资非常低的人，尤其是他的记忆力特别差。据说，章学诚少年时一天最多只能诵读二三百字的书，连文言虚字的用法都记不住。这种天资在讲究读经诵典的封建社会，对于需要博闻强记的史学，无疑都是太低了。章学诚年轻时多次参加科举，屡试不第，一直到四十岁时才中举人。

然而，章学诚不顾旁人的议论讥笑，毅然向天资挑战，抱定了做一个杰出史学家的志向。四十一岁中了进士后，他不顾家境贫

寒，放弃仕宦之途，专心致志从事教书和研究学问。他针对自己的缺陷采取了各种有效的方法补救。

一般人治史由博而专，他反其道而行之，由专到博，学一点巩固一点。他认为这种方法"学问之始未能记诵，博涉及深，将超记诵"，能够有效地克服记忆缺陷。他克服记忆缺陷的另一种办法是读书做札记，他的许多著作都出自于他的读书札记。他治学持之以恒，不急于求成。他的大部分史学成果都出自晚年，六十三岁时双目失明，犹事著述，直至终身。他的座右铭是："不羡慕不费工夫而得来的虚名，不计较世俗庸人的褒贬，孜孜不倦几十年如一日，肯花中等智力以上的人所不愿下的工夫。"

小故事大道理

"业精于勤，荒于嬉；行成于思，毁于随。"章学诚便是一个天生并非聪颖却非常勤奋的人。俗话说"天资的充分发挥和个人的勤学苦练是成正比例的"，别人付出五分努力，他就投入十分，勤奋弥补了智力的不足。后来他如愿以偿地做出了一番可人的成绩。

枯井里的青驴子

◇佚名

> 智慧的可靠标志就是能够在平凡中发现奇迹。
> ——爱默生

有一天，一个农夫带着一头驴子去赶早集，回来的时候，驴子不小心掉进了一口枯井里。农夫站在井口，绞尽脑汁想办法救驴子，可是几个小时过去了，毫无办法，驴子在井里痛苦地哀嚎着。最后，这位农夫决定放弃。他想：反正这头驴子年纪已经大了，如果大费周折把它救出来，似乎有些不合算。

于是，农夫就一个人回到家，邻居们见了都问："你的驴子哪去了？"农夫就说驴子掉进了枯井里。邻居们都很同情他，大家谈论了一阵后说："无论如何，这口井还是得填起来，别哪天有人不小心掉进去。"

于是，农夫和左邻右舍们都一起来到枯井边，大家人手一把铲子，一起动手把泥土铲进枯井中，要将枯井中的驴子一起填掉。

驴子开始还以为主人带人来救它，高兴得大声喊叫。可是，随着泥土砸落在自己身上，驴子的希望也一点点被砸走。它很快就明

白了自己的处境：原来主人已经放弃了它，要把它埋在枯井里。

开始，驴子很害怕，哭着哀求主人救它。可是泥土还是无情地撒在它的身上。终于，驴子绝望了，它停止了哭泣，开始小心躲避那些泥土，落在身上的它就抖落下来，踏在脚下，为了怕自己陷下去，驴子使劲踩踏那些泥土，让它们变实。很快，这只聪明的驴子就发现，自己在慢慢上升。啊，原来这些泥土可以帮助自己。于是，它开始更加努力抖落泥土，把泥土堆在一起，泥土堆越来越高，驴子也离井口越来越近。

就这样，很快地，这只驴子便得意地上升到了井口，它一跃而出，在众人惊讶的表情中快步地跑开了！它用自己的聪明才智获得了自由！

小故事大道理

枯井中的驴子用自己的智慧逃过了一劫。人生又何尝不是拥有很多枯井？枯井是前进的绊脚石，不经意间便会使我们陷入困顿。这时需要冷静下来，像驴子一样学会利用身边的"泥沙"，借着尽可能多的资源，争取自救。这是每个人必须掌握的求生技能。

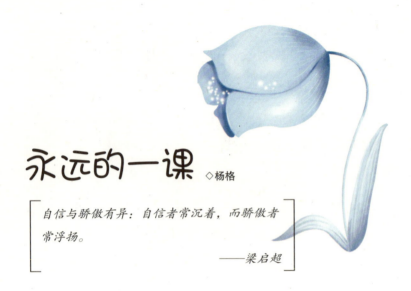

永远的一课

◇杨格

> 自信与骄傲有异：自信者常沉着，而骄傲者常浮扬。
> ——梁启超

那天的风雪真大，外面像是有无数发疯的怪兽在呼啸厮打，恶狠狠地寻找袭击的对象。风呜咽着四处搜索"猎物"。

大家都在喊冷，读书的心思似乎已被冻住了。一屋的跺脚声。

鼻头红红的欧阳老师挤进教室时，等待了许久的风席卷而入，墙壁上的《中学生守则》一鼓一顿，开玩笑似地卷向空中，又一个跟头栽了下来。

往日很温和的欧阳老师一反常态：满脸的严肃、庄重甚至冷酷，一如室外的天气。

乱哄哄的教室静了下来，我们惊异地望着欧阳老师。

"请同学们穿上胶鞋，我们到操场上去立正站五分钟。"

几十双眼睛投来了诧异的目光。

"我们要在操场上立正站五分钟。"

即使欧阳老师下了"不上这堂课，永远别上我的课"的恐吓之

词，还是有几个娇滴滴的女生和几个很横的男生没有出教室。

操场在学校的东北角，北边是空旷的菜园，再北是一口水塘。

那天，操场、菜园和水塘被雪连成了一个整体。

矮了许多的篮球架被雪团打得"啪啪"作响，卷地而起的雪粒雪团呛得人睁不开眼、张不开口。脸上像有无数把细窄的刀在拉在划，厚实的衣服像铁块冰块，脚像是踩在带冰碴儿的水里。

我们挤在教室的屋檐下，不肯迈向操场半步。

欧阳老师没有说什么，面对我们站定，脱下羽绒衣，线衣脱到一半，风雪帮他完成了另一半。"到操场上去，站好！"欧阳老师脸色苍白，一字一顿地对我们说。

谁也没有吭声，我们老老实实地到操场排好了三列纵队。

瘦削的欧阳老师只穿一件白衬褂，衬褂紧裹着的他更显单薄。

就这样，我们规规矩矩地在操场站了五分多钟。

在教室时，同学们都以为自己敌不过那场风雪，事实上，叫他们站半个小时，他们顶得住，叫他们只穿一件衬衫，他们也顶得住。

正如生命中的许多伤痛一样，其实并不如自己想象得那么严重。如果不把它当回事，它是不会很痛的。

小故事大道理

不要认为生活中很多事情很难驾驭，只要你有勇气，有胆量，你会发现那些从不敢挑战的事情也不过如此。

难题最怕爱钻研的人 ◇肖乐

> 聪明出于勤奋，天才在于积累。
> ——华罗庚

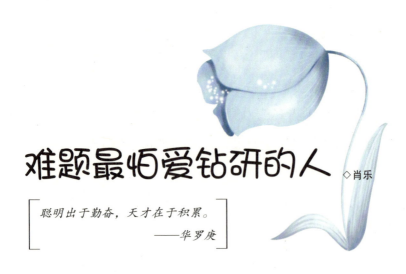

牛顿是一位赫赫有名的科学家，他于1642年的圣诞节，出生在英国林肯郡的一个农民的家庭中。牛顿对于光学、数学，以及运动定律和万有引力的发现，皆做出了重大的贡献，其中任何一项都可以使他名垂青史。牛顿是近代自然科学的奠基人，在科学发展史上占有非常重要的地位，而他的成绩都来自他爱思考的习惯。

有一天，牛顿由于长时间埋头工作，感到有些疲倦了，他就坐在苹果树下的长凳上观赏田野秋色。在他休息的时候，他不由得又想起引力之谜，思维翻腾起来。突然间，一个熟了的苹果从树上掉了下来，砸到了他的头上。熟了的苹果为什么会向下掉？是什么原因呢？地球在吸引它吗？扔到空中的石头也要向下掉，是不是也是地球在吸引它呢？牛

顿苦苦地思考着。最后他确定是地球的引力，地面上的东西都要受到地球的吸引。由此他想到了月亮之所以会绕着地球转，也是因为地球在吸引着它。想着想着，牛顿的眼里闪出奇异的光芒，他长时期以来想了又想的问题，终于找到了解决的线索，一切都是因为地球的引力，由此他提出了著名的万有引力定律。

有一次，在一个晴朗的日子里，牛顿想骑马到山里去办点事情。于是，他就扛着马鞍走到马厩里去牵马，可是，他刚把马牵出来，有一个力学问题忽然在脑际浮现。于是，他不知不觉地把马给放了，自己扛着马鞍顺着小路一边走一边思考问题。牛顿时而低头深思，时而用手比画，完全忘却了周围的一切。当他走到山顶时，突然觉得十分疲惫，才想起应该骑马。这时，马早已跑得无影无踪了，只有一副沉重的马鞍被他扛在肩上。

牛顿思考问题简直到了痴迷的地步。有一年冬天，牛顿坐在火炉旁边思考一个问题。他右肘的袖子被烤得焦煳了，他却一点儿也没有发觉。最后，袖子竟被烧着了，冒出黑烟，呛得他连连打喷嚏，可是他仍然沉浸在思考中，而一无所知。直到嗅到焦味的家人跑进来，一声惊呼，才使牛顿从思考中惊醒过来。

小故事大道理

牛顿肯钻研，爱钻研，才取得了举世瞩目的成绩。人生的价值，并不是用时间衡量，而是用深度去衡量的。在学习上不肯钻研的人是不会提出问题的；在事业上缺乏突破力的人是不会有所创新的。

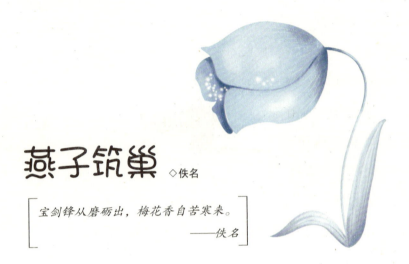

燕子筑巢

◇佚名

> 宝剑锋从磨砺出,梅花香自苦寒来。
> ——佚名

有三只燕子都在忙着衔泥筑巢,劳碌了大半天后,他们停下来开始聊天。

第一只燕子大声发牢骚道:"要不是为了生活,我才不想做这个衔泥的工作,简直快累死了!可每天一回到家,我那些孩子还缠着我陪他们玩,哎呀,我的命真苦啊!"

第二只燕子也抱怨到:"唉,每天都是衔泥筑巢,真是太无聊了,我简直闷得要发疯了!"

听了前两只燕子的抱怨,第三只燕子笑了起来,另两只燕子感到十分惊讶。

"喂,你笑什么?在笑我们两个吗?"

"哦,不是,你们别误会。"第三只燕子温和地说,"我和你们两个的想法不同。每天我在衔泥筑巢的时候,我的心里都很高兴,我告诉自己,我正在为完成一项伟大的任务而努力,完成之

后,我的孩子就可以有温暖、舒适的家了。那时,无论外面有什么狂风暴雨,我的孩子都是安全的,他们能够顺利长大,就是我最开心的事了!你们说,我每天都在做这样一件有意义的事,又怎么会抱怨呢?"

第一只和第二只燕子听后,感到惭愧不已,他们只知道抱怨,却不懂得从另外的角度去看待自己所做的事。总是一味消极应付,而忘记了自己筑巢的目的。

"兄弟,你说得对,为了我们的孩子,为了我们的家,我们一起努力吧!"

从此,三只燕子都勤勤恳恳地衔泥筑巢了,而他们的巢也一个比一个温暖漂亮。

小故事大道理

前两只燕子抱怨工作辛苦、无聊,而第三只燕子把每日的工作当成有意义的事,乐在其中。工作中,难免有自己不喜爱的地方,只是一味发牢骚,必定会事倍功半,一事无成。拥有一颗积极的心,才会快乐地去工作,幸福地去生活。

百折不挠的诺贝尔 ◇可人

[上天完全是为了坚强我们的意志，才在我们的道路上设下重重的障碍。

——泰戈尔]

随着一声震耳欲聋的巨响，滚滚的浓烟霎时冲上天空，一股股火焰直往上蹿。

仅仅几分钟时间，一场惨祸发生了。当惊恐的人们赶到现场时，只见原来屹立在这里的一座工厂只剩下残垣断壁。火场旁边，站着一位三十多岁的年轻人，突如其来的惨祸和过分的刺激，已使他面无人色，浑身不住地颤抖着。这个大难不死的青年，就是后来闻名于世的弗莱德·诺贝尔。诺贝尔眼睁睁地看着自己创建的硝化甘油炸药实验工厂化为了灰烬。人们从瓦砾中找出了五具尸体，四个是他的亲密助手，而另一个是他在大学读书的小弟弟。五具烧得焦烂的尸体，惨不忍睹。诺贝尔的母亲得知小儿子惨死的噩耗，悲痛欲绝；年迈的父亲因大受刺激而引起脑溢血，从此半身瘫痪。

事情发生后，警察局立即封锁了爆炸现场，并严禁诺贝尔重建自己的工厂。

人们像躲避瘟神一样地避开他，再也没有人愿意出租土地让他进行如此危险的实验。但是，困境并没有使诺贝尔退缩，几天以后，人们发现在远离市区的马拉仑湖上，出现了一只巨大的平底驳船，驳船上装满了各种设备，一个年轻人正全神贯注地进行实验。毋庸置疑，他就是在爆炸中死里逃生、被当地居民赶走了的诺贝尔！

无畏的勇气往往令死神也望而却步。在令人心惊胆战的实验里，诺贝尔依然持之以恒地行动，他从没放弃过自己的梦想与决心。

功夫不负有心人，他终于发明了雷管。雷管的发明是爆炸学上的一项重大突破，随着当时许多欧洲国家工业化进程的加快，开矿山、修铁路、凿隧道、挖运河等都需要炸药。于是，人们又开始亲近诺贝尔了。他把实验室从船上搬迁到斯德哥尔摩附近的温尔维特，正式建立了第一座硝化甘油工厂。接着，他又在德国的汉堡等地建立了炸药公司。一时间，诺贝尔的炸药成了抢手货，诺贝尔的财富与日俱增。

然而，初试成功的诺贝尔，好像总是与灾难相伴。不幸的消息接连不断地传来：在旧金山，运载炸药的火车因震荡发生爆炸，火车被炸得七零八落；德国一家著名工厂因搬运硝化甘油时发生碰撞而爆炸，整个工厂和附近的民房变成了一片废墟；在巴拿马，一艘满载着硝化甘油的轮船，在大西洋的航行途中，因颠簸引起爆炸，整个轮船葬身大海……一连串骇人听闻的消息，再次使人们对诺贝尔望而生畏，甚至把他当成瘟神和灾星。随着消息的广泛传播，他被全世界的人所诅咒。

诺贝尔又一次被人们抛弃了，不，应该说是全世界的人都把自

己应该承担的那份灾难给了他一个人。面对接踵而至的灾难和困境，诺贝尔没有一蹶不振，他身上所具有的毅力和恒心，使他对已选定的目标义无反顾，永不退缩。在奋斗的路上，他已经习惯了与死神朝夕相伴。

大无畏的勇气和矢志不渝的决心激发了他心中的潜能，最终他征服了炸药，吓退了死神。诺贝尔赢得了巨大的成功，他一生共获专利发明权355项。他用自己的巨额财富创立的诺贝尔奖，被国际学术界视为一种崇高的荣誉。

小故事大道理

涓滴之水终可以磨损大石，不是由于它力量强大，而是由于昼夜不舍地滴坠。这是一种坚持不懈的精神。诺贝尔是一个不达目的不罢休的人，他不顾世人的非议和丧亲的痛苦，依然进行自己的炸药研究。毅力和恒心像是一把利剑，你如果掌握了，便会无坚不摧。

做大自己的心劲
◇游宇明

[支配战士行动的力量是信仰。他能够忍受一切艰难、痛苦，达到他所选定的目标。

——佚名]

因为成绩极差和家境贫寒，他只读到小学六年级，就去了一个建筑工地做小工，当时他还只有13岁。他不甘心在充满危险的建筑工地待一辈子，便决定以玩魔术为职业。历尽艰辛，他终于在26岁那年荣获世界魔术比赛亚军，从此成为具有国际影响力的魔术大师。他叫翁达智，广东新会人。

翁达智读小学一年级时就开始对魔术感兴趣，小小年纪就学会了一些魔术的玩法。1989年，16岁的他做出一个惊人的决定：去美国观摩魔术大会。他把自己三年来所赚的钱全部拿了出来，还向工友借了一部分，这个举动惹怒了家里所有的人，父母气得几乎不认他这个儿子。不顾家人的反对，翁达智去了美国，当时，他是以魔术师的身份办的签证。来到会场，他却被告知必须通过考核才能参加。当着许多魔术师的面，翁达智表演了一个"空钩钓鱼"。他拿着一根钓竿，走到了坐满魔术师的台下，一甩竿子，刚才还空着的

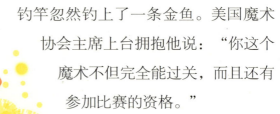

钓竿忽然钓上了一条金鱼。美国魔术协会主席上台拥抱他说:"你这个魔术不但完全能过关,而且还有参加比赛的资格。"

从美国回来,翁达智全身心地投入到自己的魔术事业中,他的"吉尼斯人体切割"更是奇妙。一天,新会市一家著名百货公司派人请翁达智去给分店的开张做表演。公司请了许多人,有政府官员、歌星、相声大师、报社记者……当他和请来的一个助手上台时,台下议论纷纷:一个十几岁的孩子能玩出什么花样?翁达智倒是沉得住气,他用刀割破助手的喉咙,又把他的身体分为三段,接着他又给助手盖上一块红绸布,他表示痛惜了好一会儿,才慢慢掀开绸布,奇怪的是助手身上的血没有了,身体恢复了原样,眼睛开始转动,跟着站了起来。顿时掌声雷动,翁达智的名字不胫而走。他的事业一步一个台阶:省电视台录播他的节目,他在广州开魔术道具店,去世界各地表演。后来终于成为国际魔术大师。

小故事大道理

拥有理想是一个人前进的动力。理想不会挑人,你是孩子也好,是老者也罢,都有拥有它的权利。"老骥伏枥,志在千里;烈士暮年,壮心不已。"每个人不管到什么时候都要有自己的理想,为之奋斗,实现目标的时间也许就在不远处。

数学家华罗庚的故事 ◇心客

> 形成天才的决定因素应该是勤奋。
> ——郭沫若

1930年的一天,清华大学数学系主任熊庆来,坐在办公室里看一本《科学》杂志。看着看着,不禁拍案叫绝:"这个华罗庚是哪国留学生?"周围的人摇摇头,"他是在哪个大学教书的?"人们面面相觑。最后还是一位江苏籍的教员想了好一会儿,才慢吞吞地说:"我弟弟有个同乡叫华罗庚,他哪里教过什么大学啊!他只念过初中,听说是在金坛中学当事务员。"

熊庆来惊奇不已,一个初中毕业的人,能写出这样高深的数学论文,必是奇才。他当即做出决定,将华罗庚请到清华大学来。从此,华罗庚就成为清华大学数学系助理员。在这里,他如鱼得水,每天都游弋在数学的海洋里,只给自己留下五六个小时的睡眠时间。说起来让人很难相信,华罗庚甚至养成了熄灯之后也能看书的习惯。他当然没有什么特异功能,只是头脑中的一种逻辑思维活动。他在灯下拿来一本书,看着题目思考一会儿,然后熄灯躺在床

上，闭目静思，开始在头脑中做题。碰到难处，再翻身下床，打开书看一会儿。就这样，一本需要十天半个月才能看完的书，他一夜两夜就看完了。华罗庚被人们看成是不寻常的助理员。

第二年，他的论文开始在国外著名的数学杂志陆续发表。清华大学破了先例，决定把只有初中学历的华罗庚提升为助教。

几年之后，华罗庚被保送到英国剑桥大学留学。可是他不愿读博士学位，只求做个访问学者。因为做访问学者可以冲破束缚，同时攻读七八门学科。他说："我到英国，是为了求学问，不是为了得学位的。"华罗庚没有拿到博士学位。在剑桥的两年内，他写了二十篇论文。论水平，他的每一篇论文都可以"拿到一个博士学位，"其中在一篇关于"塔内问题"的研究中，他提出的理论被数学界命名为"华氏定理"。

华罗庚以一种热爱科学、勤奋学习、不求名利的精神，献身于他所热爱的数学研究事业。他抛弃了世人所追求的金钱、名利、地位，最终，他的事业成功了。

华罗庚把数学应用到工、农业生产上，对我国的现代化建设做出了突出的贡献。

小故事大道理

不管你的学历是高是低，只要拥有不屈不挠、坚持不懈的态度，做好自己的工作，成功便会在不经意间来到你的身边。

羊爷爷上学

◇佚名

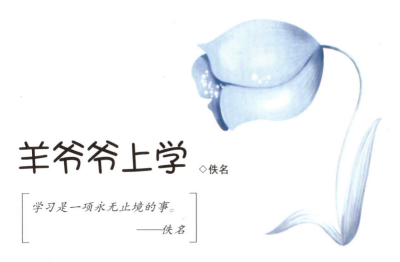

[学习是一项永无止境的事。
——佚名]

动物小学出了一件大事：七十岁的羊爷爷来上学啦！天啊，羊爷爷可是动物小学这么多年来年纪最大的一个学生！现在，羊爷爷和它的孙子变成同班同学啦！

哈哈，这真是动物村的头条新闻！现在，动物们正议论纷纷呢：

"都一把老骨头了，还折腾什么呀？"

"少壮不努力，老大来补课，老羊啊，太晚了！"

"我们该管羊爷爷叫爷爷，还是叫同学呀？哈哈！"

第二天早上上学，小羊歪着头问爷爷："爷爷，您怎么这么大年纪还要上学呀？"

羊爷爷微笑地摸着孙子的头，不慌不忙地说："爷爷想上学呀，想和你一样学知识，这样不好吗？"

"可您年纪太大了，人家会笑话您的！"小羊昨天听到很多人说爷爷的风凉话，心里很不舒服。

"傻孩子，谁愿意笑就让他们笑去吧，爷爷不在乎。"

就这样，七十岁的羊爷爷开始了他的上学之路。由于年纪大，羊爷爷每天都要在家里复习几个小时的功课，才能赶上同班的小同学。

一个学期很快过去了，羊爷爷也迎来了第一次期终考试。

哈哈，真不错，羊爷爷考了九十多分，连老师都被羊爷爷感动了，不但在全班同学面前表扬了羊爷爷，还特别为羊爷爷准备了一份奖品呢！

"爷爷，您真厉害！"小羊对爷爷竖起了大拇指，"您的年纪这么大，还能学得这么好，我真佩服您！"

"哈哈！"羊爷爷大笑道，"傻孩子，学习跟年纪没有关系，只要你肯努力，什么时候都不算晚的。"

小故事大道理

古稀之年的羊爷爷却仍要上学读书，这确实让大家吃惊，然而在一片唏嘘与怀疑声中，羊爷爷成功了，他取得了很好的成绩。常言道"活到老，学到老"，知识的海洋广袤而浩远，耗尽一生也有学不完的东西。它是一种精神食粮，只要你拼搏，就可以尽尝美味。

靠眨眼写成的书
◇佚名

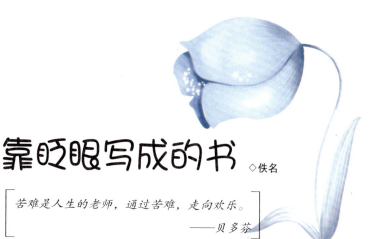

[苦难是人生的老师，通过苦难，走向欢乐。
——贝多芬]

鲍比是法国的一名记者，在1995年的时候，他突然心脏病发作，导致四肢瘫痪，而且丧失了说话的能力。被病魔袭击后的鲍比躺在医院的病床上，虽然头脑清醒，但是全身的器官中，只有左眼可以活动。可是，他并没有被病魔打倒，尽管口不能言，手不能写，他还是决心要把自己在病倒前就开始构思的作品完成并出版。出版商便派了一个叫门迪宝的笔录员来做他的助手，每天工作六小时，为他的著述做笔录。

鲍比只会眨眼，所以就只有通过眨动左眼与门迪宝来沟通，逐个字母逐个字母地向门迪宝背出他的腹稿，然后由门迪宝抄录出来。门迪宝每一次都要按顺序把法语的常用字母读出来，让鲍比来选择。如果鲍比眨一次眼，就说明字母是正确的；如果是眨两次，则表示字母不对。

由于鲍比是靠记忆来判断词语的，因此有时可能出现错误，有

时他又要滤去记忆中多余的词语。开始时他和门迪宝并不习惯这样的沟通方式,所以中间产生不少障碍和问题。刚开始合作时,他们每天用六小时默录词语,每天只能录一页,后来慢慢增加到三页。几个月之后,他们历经艰辛终于完成这部著作。据粗略估计,为了写这本书,鲍比共眨左眼二十多万次。这本不平凡的书已经出版,有一百五十页,名字叫《潜水钟与蝴蝶》。

小故事大道理

　　鲍比身虽残,志仍坚。他逾越了病痛和无法用语言交流的障碍,毅然坚持把构思完的作品完成。经过二十多万次的眨眼,一本《潜水钟与蝴蝶》得以问世。是的,风雨过后方能见彩虹。

一鸣惊人
◇佚名

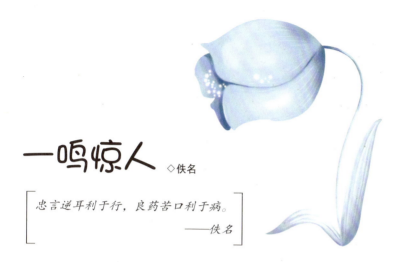

[忠言逆耳利于行，良药苦口利于病。
——佚名]

战国时期，齐国有一个名叫淳于髡的人。他很会说话，而且风趣幽默。他常常向君主进谏，君主不但不生气，而且乐于接受。

当时齐国的威王，本来是一个很有才智的人，但是，在他即位以后，却不管国家大事，每日只知饮酒作乐。结果政治腐败，官吏们贪污失职，再加上各国的诸侯也都趁机来侵犯，使得齐国濒临灭亡。当时，齐国的一些爱国之人都很担心，却都因为畏惧齐王，没有人敢出来劝谏。难道就看着齐国这么灭亡吗？淳于髡想了一个计策，准备找个机会来劝告齐威王。

有一天，淳于髡见到了齐威王，就对他说："大王，为臣有一个谜语想请您猜一猜：齐国有只大鸟，住在大王的宫廷中，已经整整三年了，可是它既不展翅飞翔，也不高声鸣叫，整天毫无目的地趴着。大王您猜，这是一只什么鸟呢？"

齐威王本是一个聪明人，一听就知道淳于髡是在讽刺自己，于

是沉吟了一会儿之后，便毅然地决定要改过，振作起来，做一番轰轰烈烈的事。因此他对淳于髡说："嗯，这一只大鸟，你不知道，它不飞则已，一飞就会冲到天上去；它不鸣则已，一鸣就会惊动众人，你慢慢等着瞧吧！"

从此齐威王不再沉迷于饮酒作乐，而是开始整顿国家。结果全国上下，很快就振作起来，到处充满了蓬勃的朝气。

各国诸侯知道后都很震惊，不但不敢再来侵犯，甚至还把原先侵占的土地，都归还给齐国。

齐威王的这一番作为，真可谓是"一鸣惊人"哪！

小故事大道理

"生于忧患，死于安乐"。淳于髡力荐齐威王戒奢戒骄，齐威王回敬给他的是"一鸣惊人"，齐国再次变得昌盛繁荣。然而一鸣惊人是要有一定条件的，没有很好的基础和出众的才能，一般还是发不出什么声音的。

父亲的教导

◇佚名

[困难与折磨对于人来说，是一把打向坯料的锤，打掉的应是脆弱的铁屑，锻成的将是锋利的钢刀。

——契诃夫]

大约在玛丽亚十二岁时，有个女孩子总是跟她过不去，她老是挑玛丽亚的缺点，什么她讲话声音太大，她是皮包骨，她不是好学生，她是捣蛋鬼，她骄傲自大……有一回，听完玛丽亚的"控诉"后，她的父亲平静地问道："玛丽亚，知道自己的真实情况难道不好吗？你可以把那个女孩子的看法一一写在纸上，在正确的地方标上记号，其他的则不必理会。"

遵照父亲的话，玛丽亚把那个女孩子的意见罗列下来。她惊讶地发现，这个女孩子所讲的差不多有一半是正确的。有一些缺点是玛丽亚无法改变的，例如她特别瘦的身材，但是大多数缺点她都能改，并愿意立即改掉它们。有生以来，玛丽亚第一次对自己有了一个较为全面而清晰的认识。

升入中学后，有一天，同学们说好到附近的湖边去野炊。那天很阴冷，玛丽亚的母亲千叮万嘱，要她千万别下湖。可是，当别人

下水时，不甘落后的玛丽亚也穿上游泳衣，跳上划艇。当她最后划向岸边时，几个顽皮的男同学开始摇晃她的船，在要靠岸时，她的船翻了。为了不掉进水里，玛丽亚一个大步想迈上岸去，不料踩到了一个破瓶子，玻璃碎片一直插到她脚跟的骨头上。

玛丽亚被送进了医院。父亲来看她，她辩解说："我所有的同学都认为下湖不会有什么问题。如果我老实地在船里待着，就不会出事了。"

"但他们都错了！"父亲语重心长地说，"你会发现世界上有不少人，他们自认为在对你负责。不要忽视他们的意见，但你只能吸收正确的，并努力去做你认为是正确的事情。"

在人生许多关键的时候，父亲的这个教导总是萦绕在玛丽亚的耳边。由于一个偶然的机会，玛丽亚来到好莱坞闯荡。在电影城，她试遍了每一家制片厂。岁月流逝，转眼两年一晃而过，玛丽亚还没有找到正式工作，只能当一名候补演员。

有一位导演讨厌她的外表，他说："你的脖子太长、鼻子太大，你这副样子永远演不了电影。"

玛丽亚想："倘若这位导演说得正确，我对此也没有办法。对我的脖子和鼻子，我又能怎样呢？可是，也许这意见并不对呢。我觉得应该继续用加倍的努力来赢取成功！"

后来，一位名叫杰罗姆·科恩的人给了她所需要的正确意见，

他对玛丽亚说:"你应该学会用你自己的方法去演唱。"

她认真地思索着科恩先生的话,觉得很对。这些话开始鼓舞着玛丽亚,正像父亲常对她讲的那样。不久,好莱坞夜总会宣布候补演员演出节目。同以往一样,"候补玛丽亚"又一次登台了。

但这次,玛丽亚不再试图模仿别人,她决心做真正的自己。她不想施展所谓的魅力,而只是穿上一件普通的镶有黑边的白罩衫,用她在德克萨斯学到的唱法放开喉咙歌唱。玛丽亚终于成功了,终于找到了梦寐以求的工作。

小故事大道理

在别人兴奋地挑你毛病的时候,不要愤怒,虚心地接受你真正存在的缺点,剩下的不必去管。循环往复,你的缺点会越来越少。很多时候,盲目地追寻和模仿别人,会使自己的特点越来越模糊,然而最能震撼人心的亮光是要一个真实的人才能够放射出来的。玛丽亚最后做了真正的自己,踏上了梦寐以求的歌唱之路。

命运并不能阻止我们前进

◇蔡宁宁

> 人生布满了荆棘，我们想的唯一办法是从那些荆棘上迅速跨过。
> ——伏尔泰

美国人迈克出生时因为一场事故而导致大脑神经系统紊乱，这种紊乱严重影响了他的日常生活。

迈克长大后，人们都认为他在神智上肯定也存在着严重的缺陷和障碍，因此，政府福利机构将他定为"不适于被雇用的人"，专家们说他永远都不能工作。

但迈克的妈妈从来没有把儿子看成是"残疾人"，她相信儿子能够面对生活，做生活的强者。于是她一次又一次地对迈克说："你能行，你能够工作，能够独立。"

妈妈的鼓励让迈克决心打败残酷的命运，开始走向自立。于是，他选择了从事推销的工作。他向几家公司递交了工作申请，都被拒绝了。迈克并没有气馁，他凭着自己的信念坚持了下来，并发誓一定要找到工作。最后在他的不懈坚持下，怀特金斯公司抱着怀疑的态度，很不情愿地接受了他。公司提出的条件是迈克必须接受

没有人愿意承担的波特兰、奥报地区的业务。虽然条件非常苛刻，但毕竟是个工作，迈克欣然接受了，他终于在自我独立的道路上迈出了第一步。

第一次上门推销，迈克在门前反复犹豫了四次，最终才鼓起勇气按响了门铃，但开门的人对迈克推销的产品不感兴趣。接着，迈克又去了第二家、第三家。迈克的生活习惯让他始终把注意力放在寻求更强大的生存技巧上，所以，即使顾客对产品不感兴趣，他也不觉得灰心丧气，而是一遍一遍地去敲开其他人家的门，直到找到对产品感兴趣的顾客。

此后每天早上，在上班的路上，迈克会在一个擦鞋摊前停下来，让别人帮他系鞋带，因为他的手不够灵活，要花很长时间才能系好；然后在一家宾馆门前停下来，请宾馆的服务员帮他扣好衬衫的扣子，整理好领带，使他看上去仪容更整洁。

不论刮风还是下雨，迈克每天都要背着沉重的样品包走一英里。他四处奔波，那只没用的右胳膊蜷缩在身体后面。

这样过了三个月，迈克几乎敲遍了这个地区所有人家的门。迈克做成的第一笔交易，是由顾客帮他填好的订单，因为迈克的手几乎握不住笔。每天，迈克要工作差不多

十四个小时,当他筋疲力尽地回到家中时,关节疼痛和偏头痛都向他袭来,但他第二天依然坚持着背起背包上路。

一年年过去了,迈克负责的地区中,越来越多的门为他打开了,他的销售额也在渐渐地增加,二十四年后,他已经上百万次地敲开了一扇又一扇的门,并最终成为怀特金斯公司在美国西部地区销售额最高的推销员。

凭着这种不甘屈服于命运、努力追求自立的精神,迈克终于在坚定的自我奋斗的道路上,开辟出一片属于自己的天地,并获得了巨大的成就。

小故事大道理

年轻时的迈克便被政府福利机构定为"不适合被雇佣的人",在大多数人眼中,他是残疾人,做不了工作。在妈妈的鼓励下,迈克十分坚强,努力找到了工作,并且干出了一番成绩。苍天不负有心人,不管你是谁,不管你有什么缺陷,都有拼搏的权利,都有成功的希望。

第二辑
梦想的凳子

这个世界上更多的人，是被别人安排着过完一生的，被安排着学哪门技术，被安排着进哪个学校，被安排着去哪个单位……却从来没有真正自己为自己安排一件事情去做。人在这时候，最需要有一条凳子，你站上去才会发现，你还有着许多没有被挖掘出来的才能和智慧。

我一定要站起来

◇徐佳

> 斗争是掌握本领的学校，挫折是通向真理的桥梁。
> ——歌德

有一所位于偏远地区的小学校，由于条件有限，每到冬季便要利用老式的烧煤锅炉来取暖。有个小男孩每天都提早来到学校，将锅炉打开，好让老师和同学们一进教室就能享受到温暖。

但有一天，老师和同学们到达学校时，发现有火苗从教室里冒出。他们急忙将这个小男孩救出来，但小男孩的下半身已被炉火灼伤，整个人完全失去了意识，只剩下了一口气。

送到医院急救后，小男孩稍微恢复了知觉。他躺在病床上迷迷糊糊地听到医生对妈妈说："这孩子的下半身被火烧得太厉害了，能活下去的希望实在很渺茫。"

勇敢的小男孩不愿就这样被死神带走，他下定决心要活下来。果然，出乎医生的意料，他熬过了最关键的时刻。但等到危险期过后，他又听到医生在跟妈妈窃窃私语："其实保住性命对这孩子而言不一定是好事。他的下半身遭到严重伤害，就算活下去，下半辈

子也注定是个残废。"

这时小男孩在心中又暗暗发誓,他不要做个残废,他一定要站起来走路。不幸的是他的下半身毫无行动能力,两只细弱的腿垂在那里,没有任何知觉。出院之后,他妈妈每天为他按摩双脚,过了几年,仍没有任何好转的迹象。

即使如此,他想要站起来走路的决心也未曾动摇过。平时他都以轮椅代步。有一天,天气十分晴朗,妈妈推着他到院子里呼吸新鲜空气。他望着灿烂阳光照耀的草地,心中突然有了一个想法。他尽力将身体移开轮椅,拖着无力的双脚在草地上匍匐前进。一步一步,他终于爬到篱笆墙边,接着他费尽全身力气,努力地扶着篱笆站了起来。抱着坚定的决心,他每天都扶着篱笆练习走路,一直走到篱笆墙边出现了一条小路。他心中只有一个目标:努力锻炼双腿。

凭着钢铁般的意志,以及每日持续的按摩,他终于能用自己的双脚站起来,然后走路,甚至跑步了。他后来不但走路上学,还能和同学们一起享受跑步的乐趣。到了大学时,他还被选入了田径队。

一个被火烧伤了下半身的孩子,原本一辈子都无法走路、跑步,但他凭着坚强的意志,跑出了全世界最好的成绩。这个人就是葛林·康宁汉博士。

小故事大道理

坚强的意志支撑着他跨越困难,一路上披荆斩棘。他给健康的人们上了这样一课:生活的确充满艰难,但没有迈不过去的坎,只要你愿意付出你的努力。

摔倒了再爬起来

◇谟北

> 人的大脑和肢体一样，多用则灵，不用则废。
> ——茅以升

德国队尤其擅长在家乡人面前比赛田径、体操和赛艇。在柏林奥运会比赛的最后一天，二十六岁的冯·旺根海姆在为期三天的马术比赛中表现异常神勇，获得了一枚金牌。

德国人有注意细节的风俗习惯。德国骑手就曾经在一个特别仿照奥林匹克赛场建造的训练场上训练，三分之二的规则都仿照开幕式的花式骑术表演赛。特别要当心的是第四个障碍——越水池，那是一块极不平坦的地面，深洞、浅滩、跨栏和水池，令人心惊胆战。许多选手到这里都极度苦恼，其中也包括冯·旺根海姆。

骑着库菲尔斯马，冯·旺根海姆充满自信地接近栏杆和水池，但是马却失足了，把冯·旺根海姆抛下了马背。他的左臂在落地时错了位，剧痛难忍，但他知道如果自己不能完成比赛，那么德国队将被取消比赛资格，所以尽管如此，他仍忍着剧痛勇敢地再次上马，并且成功地越过了剩下的三十二个障碍物，毫无差错的表现令

人惊叹。他的英勇,更重要的是在这过程中与伙伴协作的智慧,使德国队能够将比赛推向第二天的高潮——在人头攒动的露天体育场前举行骑马跳跃障碍运动。

一般说来,冯·旺根海姆短期内不能再骑马了,但是与其看到整支队伍被淘汰还不如坚持到底。他进入体育场时左臂还打着吊带,但就一会儿的工夫他又坐在了马上,撤去吊带后绑着夹板的手臂露了出来。在场的观众都屏住了呼吸,但这平静的气氛很快就被打破了。当急速接近一个急转弯时,冯·旺根海姆全力地用双手勒住马,但此时骑手的左臂已经无法发挥作用,马嘶叫着,倒向后方并压在了已经负伤的冯·旺根海姆身上。在群众的帮助下,冯·旺根海姆很快从马背下爬了出来。人们担心库菲尔斯马死了,但是它很快又恢复了生命力。那些热情的德国人都不敢相信,冯·旺根海姆又再度骑上了马并又一次毫无差错地完成了剩下的比赛。德国队赢得了这枚金牌,在座的十万名观众都站起来为他喝彩,几乎没有再适合的赞美之词。

小故事大道理

成大事不在于力量的大小,而在于能坚持多久。学会坚持才会有水滴穿石的毅力,学会坚持才会懂得积石成山的道理,我们每个人都应该修好这门课。

残疾冠军

◇毕冲

> 一切幸福都并非没有烦恼，而一切逆境也绝非没有希望。
>
> ——培根

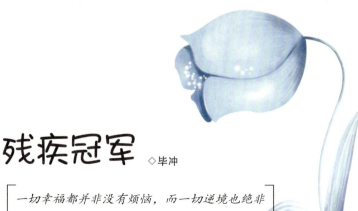

　　一个残疾人和健全的人共同参加体育比赛，显然是不公平的。但就是这种不公平，成就了乔治·易瑟的神话。如果你承认自己处于弱势，那么你就真的无法超越别人，更不能超越自己。但是如果你能够用不认输的精神去战胜自己，那么战胜别人就是很容易的事情了。如果说一位残疾人获得了奥运金牌，可能你并不会对这样的消息感到吃惊，因为你会解释成为"残奥会"。但如果是在残奥会产生之前，一位残疾人获得了冠军，你会不会感到惊奇？也就是说，这位残疾人和其他身体健全的人共同竞争，获得

了奥运会的最高荣誉。

这位明星就是乔治·易瑟,他以自己的举动照亮了奥运赛场,也感动了全世界。

乔治生于1871年,在一次不幸的遭遇中,他的左腿被火车辗过后截肢了,但是这没有阻止他的创举,在装上木腿之后,他来到了圣路易斯,准备参加最高水平的体育比赛。

在圣路易斯奥运会,他代表康考迪亚·特那瑞恩俱乐部,摘取了不止六块奖牌,其中有三块金牌。易瑟在各种器械上展示了他的非凡的力量和敏捷,这些才能是身体健全的对手无法比拟的。他摘取了长鞍马冠军和双杠冠军,获得了爬绳比赛的胜利;他还在鞍马和混合项目中获得第二名,在高低杠项目中获得第三名。

虽然易瑟后来的职业生涯无人知晓,但他仍代表康考迪亚·特那瑞恩俱乐部参加了1908年在德国法兰克福举行的国际运动会和1909年在美国辛辛那提举行的全美运动会。

可以说,他是不会向命运低头的人,就像贝多芬一样。

小故事大道理

我们无法决定自己的长相、身高,但是命运却掌握在我们的手中。易瑟的经历是振奋人心的,一个残疾人获得了世界级别比赛的多项冠军,让人极为敬佩。他在向世人展示自己非凡能力的同时,也让人悟出一个道理:任何时候都不要向命运低头,胜利一定会属于你。

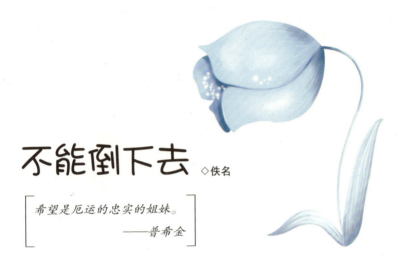

不能倒下去 ◇佚名

> 希望是厄运的忠实的姐妹。
> ——普希金

有一群大象，生活在一片荒原中，无忧无虑，安睡和乐。

然而，即使这样，病魔还是不肯放过他们。一夜之间，整个象群都患上了可怕的疾病，而且是传染性的疾病。

"大家一定要坚持住，只要我们努力战胜病魔，我们的生活还是会像以前一样幸福的。"为首的大象不断地鼓励大家。经过一番痛苦而难熬的拼争，象群中绝大部分成员都挣脱了病魔的纠缠。可是，一只才出生不久的小象，由于抵抗力比较差，一直没能恢复过来，眼看着就要支撑不住而倒下去了。

这可急坏了大家，因为象是不能倒下的！对象族来说，一倒下，就会因为巨大的内脏间的压迫而损伤自己。倒下，就意味着置自己于死地。这就是大象从来都是站着睡觉而不肯躺下休息半秒钟的缘故。

"我们不能让他倒下，一旦倒下，他就没命了！"首领大象招

呼大家说,"我们要多给他鼓励和支持,让他一定要坚持下去。"

于是,就在小象即将倒下的那一刻,大象们开始行动了,他们两个一组换班轮流用自己的躯体夹住小象的身体,支撑住这危在旦夕的生命。

"孩子,再坚持一下,只要再坚持一下,你就会没事了。"

小象已经快撑不下去了,但他看到前辈们如此帮助自己,便用尽全力支持下去,用自己的血肉之躯与命运抗争。

于是,奇迹发生了,在大象群体的呵护下,小象慢慢恢复了元气,不但完全病愈,还练就了坚强的意志。

小故事大道理

能够坚持的生命是坚强的,习惯放弃的生命是脆弱的。在大象们的努力下,危在旦夕的小象用尽气力,凭借着自己的毅力顽强地活了下来。困难来到时想的不应该是逃避,而是勇敢面对,也许只要我们稍稍努力,所谓的困难便会迎刃而解。

拿破仑救人
◇佚名

> 困难是欺软怕硬的。你越畏惧它，它越威吓你。你越不将它放在眼里，它越对你表示恭顺。
> ——宣永光

拿破仑很喜欢打猎，他常常一个人到山里寻找各种有趣的猎物。他的聪明才智加上他高超的打猎技巧，基本上每次都是满载而归。

有一次，拿破仑又外出打猎，他奔跑了一个上午，又渴又累，就到附近的一条小河喝水。他走到小河边的时候刚好看到一个不小心落水的男孩正在挣扎。那个小孩一边拼命挣扎，一边朝拿破仑高呼救命。拿破仑看了看这条小河，河面并不宽，孩子完全没有危险，是他自己吓坏了，以为河水能把他淹死。拿破仑想，这是教育自己子民成长的好时机。于是，他不但没有跳水救人，反而端起猎枪，对准水里的男孩，大声喊道："听着，孩子，你如果不自己爬上来，我就把你打死在水中。"

小男孩听了更害怕，自己已经被淹个半死了，好不容易上帝派来了一个救助者，竟然要开枪打他！可是看看那个人严肃的模样，男孩知道向他求救是无用了，现在自己反而增添了一层危险，不知

道那人什么时候会对自己开枪。

于是,男孩就一边流泪一边拼命划动手脚,心里还在哭喊:"上帝啊,你给我派了一个什么样的救命人啊?"

小男孩拼命地奋力自救一番后,终于游上了岸。他抽泣着问拿破仑:"上帝不是派你来救我的吗?为什么你不肯向我伸手,还要开枪打我?"

拿破仑笑了:"我的孩子,我没有救你,你不是也没被河水淹死吗?回头看看那条小河,它并没有你想象的那么可怕。记住,孩子,任何时候都要靠自己,不要指望别人。因为自己的能耐可以救你一生,别人的能耐却只能救你一时。"

男孩听了懂事地点点头。

小故事大道理

如今的家庭大多一个孩子,家长们个个将之视为心头肉、手中宝,大事小事都会事必躬亲,大有为孩子扫清前方一切阻碍之势。孩子轻松了,父母也高兴了,但殊不知这样的做法,会在很大程度上抹杀孩子们的自我应变与处理事情的能力。衣来伸手、饭来张口的方法是教育不出优秀的孩子的,只有大胆地放开手,让孩子们做自己能够做的事情,他们才会如父母期望的那样,成龙成凤。

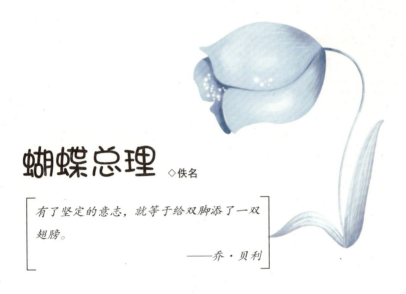

蝴蝶总理

◇佚名

> 有了坚定的意志，就等于给双脚添了一双翅膀。
> ——乔·贝利

一个小孩，相貌丑陋，说话口吃，而且因为疾病导致左脸局部麻痹，嘴角畸形，讲话时嘴巴总是歪向一边，还有一只耳朵什么都听不见。

为了矫正自己的口吃，这孩子模仿古代一位有名的演说家，嘴里含着小石子讲话。看着嘴巴和舌头被石子磨烂的儿子，母亲心疼地抱着他流着眼泪说："不要练了，妈妈一辈子陪着你。"懂事的孩子替妈妈擦着眼泪说："妈妈，书上说，每一只漂亮的蝴蝶，都是自己冲破束缚它的茧之后才变成的。我要做一只美丽的蝴蝶。"

后来，他能流利地讲话了。因为他的勤奋和善良，他中学毕业时，不仅取得了优异成绩，还获得了良好的人缘。

1993年10月，他参加全国总理大选。他的对手居心叵测地利用电视广告夸张他的脸部缺陷，然后写上这样的广告词："你要这样的人来当你的总理吗？"但是，这种极不道德的、带有人格侮辱的攻击招

致的却是大部分选民的愤怒和谴责。相反，他的成长经历被人们知道后，赢得了选民极大的同情和尊敬。他说的"我要带领国家和人民成为一只美丽的蝴蝶"的竞选口号，使他以高票当选为总理，并在1997年和2000年两次大选中连续获胜，连任总理，人们亲切地称他是"蝴蝶总理"。

小故事大道理

我们可以选择食物，选择衣着，但样貌和身世是我们所不能决定的。让·克雷蒂安不畏磨烂嘴的疼痛，不在乎一些人的讥笑与讽刺，坚定地迈着前进的步伐，最后成为加拿大历史上第一位连任两届的总理。是的，每一只漂亮的蝴蝶，都是自己冲破束缚它的茧才变成的。蝴蝶便是人们，束缚则是困难，而人们要做的就是冲破它！

适合自己的鞋

◇崔鹤同

[要克服生活的焦虑和沮丧，就要先学会做自己的主人。
——佚名]

一个男孩子出生在布拉格一个贫穷的犹太人家里。他的性格十分内向、懦弱，没有一点男子气概，非常敏感多愁，老是觉得周围环境都在对他产生压迫和威胁。

防范和躲灾的想法在他心中可谓根深蒂固，不可救药。

男孩的父亲竭力想把他培养成一个标准的男子汉，希望他具有风风火火、宁折不屈、刚毅勇敢的特征。

在父亲那粗暴、严厉且又很自负的斯巴达克似的培养下，他的性格不但没有变得刚烈勇敢，反而更加懦弱自卑，并从根本上丧失了自信心，致使生活中每一个细节、每一件小事，对他来说都是一个不大不小的灾难。他在困惑痛苦中长大，他整天都在察言观色。常

独自躲在角落处悄悄咀嚼受到伤害的痛苦,小心翼翼地猜度着又会有什么样的伤害落到他的身上。看他那个样子,简直就是没出息到了极点。

看来,懦弱、内向的他,确实是一场人生的悲剧,即使想要改变也改变不了。

因为他的父亲做过努力,已毫无希望。

然而,令人们始料未及的是,这个男孩后来成了20世纪上半叶世界上最伟大的文学家之一,他就是奥地利的卡夫卡。

卡夫卡为什么会成功呢?因为他找到了适合自己穿的鞋,他内向、懦弱、多愁善感的性格,正好适宜从事文学创作。在这个他为自己营造的艺术王国中,在这个精神家园里,他的懦弱、悲观、消极等弱点,反倒使他对世界、生活、人生、命运有了更尖锐、更敏感、更深刻的认识。他以自己在生活中受到的压抑、苦闷为题材,开创了一个文学史上全新的艺术流派——意识流。他在作品中,把荒诞的世界、扭曲的观念、变形的人格,解剖得更加淋漓尽致,从而给世界留下了《变形记》《城堡》《审判》等许多不朽的巨著。

是的,人的性格是与生俱来不可随意逆转的,就像我们的双脚,脚的大小无法选择。

别再抱怨你的双脚,还是去选取一双适合自己的鞋吧!

小故事大道理

无论你乐观、天真,还是多愁善感、胆小自卑,都有着闪耀的发光点,都可能在不同的领域展示出自己的才华。性格不能选,那么就学会选择适合自己性格的事情去做。

最重要的动作

◇佚名

[取得成就时坚持不懈，要比遭到失败时顽强不屈更重要。

——拉罗什夫科]

一个十岁的日本小男孩，在一次严重的车祸中不幸失掉了左臂，但他下决心学习柔道。

男孩天资聪颖，进步很快。可让他迷惑不解的是，三个多月的时间里，教练却只教了他一个动作。

男孩百思不得其解，终于忍不住了，便问道："老师，你能不能多教我一些动作？"

"记住，孩子，这对你永远都是最重要的也是唯一的一个动作。"教练回答他。

男孩似乎并不是很理解这些话，可也不敢违抗，于是他继续刻苦地练习那个枯燥单一的动作。

几个月后，教练带男孩参加了第一次比赛。令男孩吃惊的是，他轻而易举地就赢了前两场比赛。

第三场看起来有些困难，但过了不长时间，对手就很奇怪地变

得焦躁不安起来。就在这个时候,男孩利用他唯一知晓的动作,很迅速地又赢得了一场比赛。

还没有回过神来,男孩就一路顺风地进入了决赛。

这一次,他的对手全是身强体壮、经验丰富的老手。男孩显得有些力不从心。裁判考虑到继续下去男孩有可能受伤,打算暂停一下。可是教练却阻止了他。

"不必暂停,让他继续。"教练坚持道。

比赛继续进行着。突然,对手犯了一个严重的错误:在这样一个断臂的对手面前,他稍稍放松了警惕。于是男孩趁机用他唯一会的动作压住了对手。男孩终于赢得了决赛,成了这次比赛的冠军!

回去的路上,男孩再一次鼓起勇气,说出了深藏已久的疑惑:"老师,我怎么能仅用一个动作,就赢得了这次比赛?"

"有两个原因,"教练答道,"首先,你掌握的那个动作是柔道中一个最困难的动作。其次,这个动作唯一的防御方法,就是对手必须抓住你的左臂。"

小故事大道理

当我们在哪些方面不足的时候,要多用用智慧,也许经过深思熟虑之后,会出现另一番天地。

秘密花园

◇李耕

[我们应有恒心,尤其要有自信心!我们必须相信,我们的天赋是要用来做某种事情的。
——居里夫人]

一个星期前,女儿卡罗琳打电话过来,说山顶上有人种了水仙,执意要我去看看。此刻我在途中,勉勉强强地赶着那两个小时的路程。

通往山顶的路上不但刮着风,而且还被浓雾封锁着,我小心翼翼,慢慢地将车开到了卡罗琳的家里。

"我是一步也不肯走了,我宣布,我要留在这儿吃饭。只等雾一散开,马上打道回府。"

"可是我需要你帮忙。将我捎到车库里,让我把车开出来好吗?"卡罗琳说,"至少这些我们做得到吧?"

"离这儿多远?"我谨慎地问。

"三分钟左右。"

十分钟以后还没有到。我焦急地望着她:"你刚才是说三分钟就可以到。"

她咧嘴笑了:"我们绕了点儿弯路。"

我们已经来到了山顶,山顶上覆盖着像厚厚面纱似的浓雾。值得这么做吗?我想。

到达一座小小的教堂后,我们穿过它旁边的一个小停车场,沿着一条小道继续行进,雾气散去了一些,透出灰白而带着湿气的阳光。

这是一条铺满了厚厚的老松针的小道。茂密的常青树罩在我们上空,右边是一片很陡的斜坡。渐渐地,这地方的平和宁静抚慰了我的情绪。突然,在转过一个弯后,我吃惊地睁大了眼睛。

就在我的眼前,就在这座山顶上,就在这一片沟壑和树丛灌木间,有好几英亩的水仙花。各色各样的黄花怒放着,从象牙般的浅黄到柠檬般的深黄,漫山遍野地铺盖着,像一块美丽的地毯。

是不是太阳倾倒了,如小溪般将金子漏在山坡上?在这令人迷醉的黄色的正中间,是一片紫色的风信子,如瀑布倾泻其中。一条小径穿越花海,小径两旁是成排的珊瑚色的郁金香。仿佛这一切还不够美丽似的,倏忽有一两只蓝鸟掠过花丛,或在花丛间嬉戏,它们品红色的胸脯和宝蓝色的翅膀,就像闪动着的宝石。

一大堆的疑问涌上我的脑海:是谁创造了这么美丽的景色和这样一座完美的花园?为什么?为什么在这样的地方,在这个荒无人烟的地带,这座花园是怎么建成的?

走进花园的中心,有一栋小屋,我们看见了一行字:

我知道您要问什么,这儿是给您的回答。

第一个回答是:一位妇女——两只手、两只脚和一点点想法。第二个回答是:一点点时间。第三个回答是:开始于1918年。

回家的途中,我沉默不语。我震撼于刚刚所见的一切,几乎无法说话。"她改变了世界。"最后,我说道,"她几乎在五十年

前就开始了,这些年里每天只做一点点。因为她每天一点点不停地努力,这个世界便永远地变美丽了。想象一下,如果我以前早有一个理想,早就开始努力,只需要在过去的每年里每天做一点点,那我现在可以达到怎样的一个目标呢?"

卡罗琳在我身旁看着,笑了:"明天就开始吧。当然,今天开始最好不过。"

小故事大道理

人的一生说短也长,说长却也短。人生可以过得多姿多彩,也可以过得索然无味。如果你是一个怀揣梦想的人,那么不要继续等待,现在就要开始,哪怕每天只能得到很少,也不要气馁,只要你能够日复一日地坚持住,成功一定会出现在你伸手就能够到的地方。

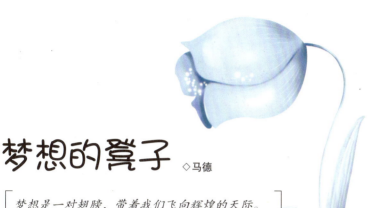

梦想的凳子 ◇马德

[梦想是一对翅膀,带着我们飞向辉煌的天际。
　　　　　　　　　　　　　——佚名]

他都快八岁了,但十以内的加减法还是算得一塌糊涂。父亲把墙根下玩打石头的他拽起来,给了他一个书包说,上学去吧。

父母一天到晚想着他能有一个正经营生。有一年秋天,他蘸着黑墨水,在自家的围墙上画了一个四角的亭子,几棵高树,还有一些波光粼粼的水。邻居说,这孩子画得不赖,将来当个画匠吧。他以为,他将来能当走村串户的画匠了,就有意无意地留心看画匠干活。那年,有一个人给他大舅家画墙围子,也画了一处山水,还题了"桂林山水贾天下",他明知道那个"贾"字错了,但没敢讲出来。

就在他还不能确定是否能当画匠的时候,父母又发现了他的另一个"长处"。

有一次他和隔壁春四家的小子,剪下许多猫猫狗狗的纸样,拿着手电钻进鸡窝里"放电影"。在浪费了好几节电池之后,父亲去

公社找放映队的人,看能不能给他谋下一个营生,哪怕打打杂,报报片子什么的都可以。后来公社倒是给了他们村一个名额,不过,不是给了他,而是给了村支书的儿子。

眼看当画匠无望,又当不成放电影的,父母盘算着该让他回家种地了,并计划着要为他定下邻村的一个女孩。就在这时候,他竟然又稀里糊涂地考上了县里的高中。父亲一下子发了愁,上吧,非但会误了田地的活,而且还会误了邻村的女孩,更要紧的是,村里边从来没有谁考上过大学,于是坚信自己家的祖坟也不会有这根草,父亲说,别上了。母亲见他支支吾吾的,说:"上吧,走一步算一步。"

上完高中,他考上了一所三流的专科学校。他的人生如果就这样下去的话,毕业了,回老家教教书,或许一辈子就这样没有波澜地过完。然而,上大二的时候,他突然冒出一个想法。那时,学校办着一份自己的报刊,有一个副刊,一个月出一两期的,他常常见有同学的文章在上面发表。他想,在毕业之前,自己要完成一个小小的愿望,那就是一定要在校报的副刊上发表一篇文章,把自己的名字变成铅字。他开始疯狂地写东西,写完后,就拿去让教写作的老师看,稍有得到赞许的,就投给校报编辑部。到后来,老师也不愿意给他看了,他就埋下头来自己琢磨。他为此看了许多的书,也浏览了不少报刊。然而,投给校报的许多稿件,都如泥牛入海。

他不想把这些凝着自己心血的文稿扔了,抱着试试看的想法,他向本市的日报

社投去几篇，结果意想不到的事情发生了，他的文字竟然出现在了本市的日报上。再后来，他的名字相继出现在了省内外的报刊上。从此以后，他在文学创作方面更加勤奋了，因为他发现，他还有着一项自己都意想不到的才能。

这个人就是贾平凹。这是他在一次笔会上讲出来的。讲完后，他颇有感慨地说，这个世界上更多的人，是被别人安排着过完一生的，被安排着学哪门技术，被安排着进哪个学校，被安排着在哪个单位上班……却从来没有真正自己为自己安排一件事情去做。人在这时候，最需要有一个凳子，你站上去，才会发现，你还有着许多没有挖掘出来的才能和智慧。而这个凳子，就是突然闯进你心中的一个想法、一个念头。

最后，他笑着说，没有这个凳子，你永远看不到梦想，更别说拥有它。

小故事大道理

被别人安排着过完一生的人占人类的大多数，而这些人也大多没有什么成绩。我们每个人其实都未必只在一个方面富有才能，我们需要一个凳子，站在上面也许会发现我们还有很多耀眼的地方。看到了梦想，接下来要做的就是为之不懈地奋斗。

四个人与一个箱子的故事

◇朱乃金

> 最可怕的敌人，就是没有坚强的信念。
> ——罗曼·罗兰

在非洲一片茂密的丛林里走着四个皮包骨头的男子，他们扛着一只沉重的箱子，在茂密的丛林里跟跟跄跄地往前走。

这四个人是巴里、麦克里斯、约翰斯和吉姆，他们是跟随队长马克格夫进入丛林探险的。马克格夫曾答应给他们优厚的工资。但是，在任务即将完成的时候，马克格夫不幸得了病而长眠在丛林中。

这个箱子是马克格夫临死前亲手制作的。他十分诚恳地对四人说道："我要你们向我保证，一步也不离开这只箱子。如果你们把箱子送到我朋友麦克唐纳教授手里，你们将分到比金子还要贵重的东西。我想你们会送到的，我也向你们保证，比金子还要贵重的东西，你们一定能得到。"

埋葬了马克格夫以后,这四个人就上路了。但密林的路越来越难走,箱子也越来越沉重,而他们的力气却越来越小了。他们像囚犯一样在泥潭中挣扎着。一切都像是做噩梦,而只有这只箱子是实在的,是这只箱子在撑着他们的身躯!否则他们全倒下了。他们互相监视着,不准任何人单独乱动这只箱子。在最艰难的时候,他们想到了未来的报酬是多少,当然,有了比金子还贵重的东西……终于有一天,绿色的屏障突然拉开,他们经过千辛万苦终于走出了丛林。四个人急忙找到麦克唐纳教授,迫不及待地问起应得的报酬。教授似乎没听懂,只是无可奈何地把手一摊,说道:"我是一无所有啊,噢,或许箱子里有什么宝贝吧。"

于是当着四个人的面,教授打开了箱子,大家一看,都傻了眼,满满一堆无用的木头!

"这开的是什么玩笑?"约翰斯说。

"屁钱都不值,我早就看出那家伙有神经病!"吉姆吼道。

"比金子还贵重的报酬在哪里?我们上当了!"麦克里斯愤怒地嚷着。

此刻,只有巴里一声不吭——他想起了他们刚走出的密林里,到处是一堆堆探险者的白骨,他想起了如果没有这只箱子,他们四人或许早就倒下去了……巴里站起来对伙伴们大声说道:"你们不要再抱怨了。我们得到了比金子还贵重的东西,那就是生命!"

小故事大道理

当你为自己设定好目标,在为之努力的过程中仍然需要一种信念去支撑,只要不抛弃不放弃,一定会找到正确的方向,光亮的前程。

王子的雕像

◇佚名

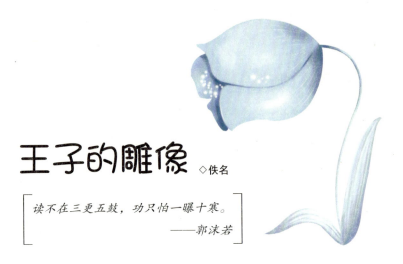

[读不在三更五鼓，功只怕一曝十寒。
　　　　　　　　——郭沫若]

从前，有一个国王，他有一个儿子。这个小王子长得非常可爱，也很聪明。

在王子小的时候，国王常常抱着他，很高兴地说："我的儿子这么聪明，长大一定会是一个伟大的国王！"

随着日子一天天过去，王子慢慢长大了。王子长得很英俊，可是他的背却是弯的——也就是说，王子是一个驼背！每个见到他的人都会说："多么英俊的王子，只可惜是个驼背……"

王子也因此十分自卑，他觉得没脸见人，所以他的头越来越低，背也越来越弯。

国王为了王子的驼背非常发愁，悬赏说如果谁能治好王子的驼背，想要什么就给他们什么。可是许多有名的医生试过之后，都束手无策。

一天，来了一位雕塑家，他对国王说他能治好王子的病。

国王不太相信，但想想，让他试试也无妨，就答应了雕塑家。

雕塑家花了几天几夜，为王子塑了一个雕像。这是多么完美的雕像啊——英俊的面庞，挺拔的身躯，坚毅的眼神……"你塑的是我吗？"王子不敢相信自己的眼睛。

"是您，尊敬的王子殿下！"雕塑家回答。他看到王子的眼里闪过异样的眼神。

雕塑被摆放在王子的宫门前，每天王子都可以看到自己的雕像。每当看到雕像时，王子都会不自觉地挺直自己的背。

过了一段时间，王子感觉自己的背直了好多；又过了一段时间，王子惊奇地发现，自己的背不驼了，挺拔的身躯就和那座雕像一样……后来，王子继承了王位，他真的成了一位伟大的国王！

小故事大道理

在任何时候都不要对自己失去信心，一个人如果连自己都看不起，那将是非常可怕的！要自谦而不要自卑，要自信而不要自傲，你的人生才能变得美好！

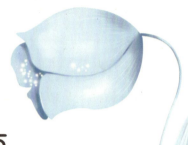

信念的价值

◇佚名

> 锲而舍之，朽木不折；锲而不舍，金石可镂。
> ——荀况

1961年，皮尔·保罗被聘为诺必塔小学的董事兼校长。当时正是美国嬉皮士流行的时代，他走进大沙头诺必塔小学的时候，发现这儿的穷孩子比"迷惘的一代"还要无所事事。他们不与老师合作，旷课、斗殴，甚至砸烂教室的黑板。皮尔·保罗想了很多办法来引导他们，可是没有效果。后来他发现这些孩子都很迷信，于是在他上课的时候就多了一项内容——给学生看手相。他用这个办法来鼓励学生。

当罗尔斯从窗台上跳下，伸着小手走向讲台时，皮尔·保罗说："我一看你修长的小拇指就知道，将来你是纽约州的州长。"当时，罗尔斯大吃一惊，因为长这么大，只有他奶奶让

他振奋过一次,说他可以成为五吨重的小船的船长。这一次,皮尔·保罗先生竟说他可以成为纽约州的州长,着实出乎他的预料。他记下了这句话,并且相信了它。

从那天起,"纽约州州长"就像一面旗帜,罗尔斯的衣服不再沾满泥土,说话时也不再夹杂污言秽语。他开始挺直腰杆走路,在以后的四十多年间,他没有一天不按州长的标准要求自己。五十一岁那年,他终于成了州长。

在就职演说中,罗尔斯说:"信念值多少钱?信念是不值钱的,它有时甚至是一个善意的欺骗,然而你一旦坚持下去,它就会迅速增值。"

小故事大道理

信念是鸟,它在黎明前的黑暗之际,感觉到了光明,唱出了歌。拥有信念,做起事来才会势如破竹;拥有信念,遇到困难时才会坚定不移。是的,信念是不值钱的,可是一旦任其膨胀,它便会迅速增值,那么我们还有什么理由不把它紧握在手呢?

将愿望保持二十五年

◇佚名

> 一个人只要强烈地坚持不懈地追求,他就能达到目的。
> ——司汤达

有个叫布罗迪的英国教师,在整理阁楼上的旧物时,他发现了一叠练习册,它们是皮特金中学B(2)班31位孩子的春季作文,题目叫《未来我是……》。他本以为这些东西在德军空袭伦敦时被炸飞了,没想到它们竟安然地躺在自己家里,并且一躺就是二十五年。

布罗迪顺便翻了几本,很快被孩子们千奇百怪的自我设计迷住了。比如:有个叫彼得的学生说,未来的他是海军大臣,因为有一次他在海中游泳,喝了三升海水,都没被淹死;还有一个说,自己将来必定是法国的总统,因为他能背出二十五个法国城市的名字,而同班的其他同学最多的只能背出七个;最让人称奇的,是一个叫戴维的盲学生,他认为,将来他必定是英国的一个内阁大臣,因为在英国还没有一个盲人进入过内阁。总之,三十一个孩子都在作文中描绘了自己的未来。有当驯狗师的,有当领航员的,有做王妃的……五花八门,应有尽有。

布罗迪读着这些作文，突然有一种冲动：为何不把这些本子重新发到同学们手中，让他们看看现在的自己是否实现了二十五年前的梦想？当地一家报纸得知他这一想法，为他发了一则启事。没几天，书信向布罗迪飞来。他们中间有商人、学者及政府官员，更多的是没有身份的人，他们都表示，很想知道儿时的梦想，并且很想得到那本作文簿，布罗迪按地址一一给他们寄去。

一年后，布罗迪身边仅剩下一个作文本没人索要。他想，这个叫戴维的人也许死了。毕竟二十五年了，二十五年间是什么事都会发生的。

就在布罗迪准备把这个本子送给一家私人收藏馆时，他收到内阁教育大臣布伦克特的一封信。他在信中说："那个叫戴维的就是我，感谢您还为我们保存着儿时的梦想。不过我已经不需要那个本子了，因为从那时起，我的梦想就一直在我的脑子里，我没有一天放弃过。二十五年过去了，可以说我已经实现了那个梦想。今天，

我还想通过这封信告诉我其他的三十位同学，只要不让年轻时的梦想随岁月飘逝，成功总有一天会出现在你的面前。"

布伦克特的这封信后来被发表在《太阳报》上，因为他作为英国第一位盲人大臣，用自己的行动证明了一个真理：假如谁能把十五岁时想当总统的愿望保持二十五年，那么他现在一定已经是总统了。

小故事大道理

梦想就像高山上的一座华丽的宫殿，通往这座宫殿的路途中会充满羁绊、坎坷，是知难而退还是执着地坚持下去，这决定了成与败。退缩了，也许就再也无法到达山顶；继续走下去，就一定会实现自己的梦想。

第三辑
只要信心不被打碎

谁能咬紧牙关,告诉自己:我还有一样最宝贵的东西——不肯弯折的信心,谁就会在艰难中增添一股勇气,一股无所畏惧的力量;就会觉得脚还踏在土地上,血还是热的,路还没有完全断绝。闯下去,拼下去,用不肯投降的双手,打出的一定是一方令自己都无比惊讶的新天地。

从一粒米成功 ◇木木

> 下苦功，三个字，一个叫下，一个叫苦，一个叫功，一定要振作精神，下苦功。
> ——毛泽东

提起台湾首富王永庆，几乎无人不晓。他把台湾塑胶集团推进到世界化工业的前五十名。而在创业初期，他做的还只是卖米的小本生意。

王永庆早年因家贫读不起书，只好去做买卖。十六岁的王永庆从老家来到嘉义开了一家米店。那时，小小的嘉义已有米店近三十家，竞争非常激烈。当时仅有二百元资金的王永庆，只能在一条偏僻的巷子里承租一个很小的铺面。他的米店开办最晚，规模最小，更谈不上知名度了，没有任何优势。在新开张的那段日子里，生意冷冷清清，门可罗雀。

刚开始，王永庆曾背着米挨家挨户去推销，一天下来，人不仅累得够呛，效果也不太好。谁会去买一个小商贩上门推销的米呢？可怎样才能打开销路呢？王永庆决定从每一粒米上打开突破口。那时候的台湾，农民还处在手工作业状态，由于稻谷收割与加工的技术落后，很多小石子之类的杂物很容易掺杂在米里。人们在做饭之前，都要淘好几次米，很不方便。但大家都已见怪不怪，习以为常。

王永庆却从这司空见惯中找到了切入点。他和两个弟弟一齐动手，一点一点地将夹杂在米里的秕糠、砂石之类的杂物拣出来，然后再卖。一时间，小镇上的主妇们都说，王永庆卖的米质量好，省去了淘米的麻烦。

这样，一传十，十传百，米店的生意日渐红火起来。

王永庆并没有就此满足。他还要在米上下大工夫。那时候，顾客都是上门买米，自己运送回家。这对年轻人来说不算什么，但对一些上了年纪的人，就是一个大大的不便了。而年轻人无暇顾及家务，买米的顾客以老年人居多。王永庆注意到这一细节，于是主动送米上门。这一方便顾客的服务措施同样大受欢迎。

当时还没有"送货上门"一说，增加这一服务项目等于是一项创举。

王永庆送米，并非送到顾客家门口了事，还要将米倒进米缸里。如果米缸里还有陈米，他就将陈米倒出来，把米缸擦干净，再把新米倒进去，然后将陈米放在上层，这样，陈米就不至于因存放过久而变质。王永庆这一精细的服务令顾客深受感动，赢得了很多的顾客。如果给新顾客送米，王永庆就细心记下这户人家米缸的容量，并且问家里有多少人吃饭，几个大人、几个小孩，每人饭量如何，据此估计该户人家下次买米的大概时间，记在本子上。到时候，不等顾客上门，他就主动将相应数量的米送到客户家里。

王永庆精细、务实的服务，使嘉义人都知道在米市马路尽头的巷子里，有一个卖好米并送货上门的王永庆。有了知名度后，王永

庆的生意更加红火起来。这样，经过一年多的资金积累和客户积累，王永庆便自己办了个碾米厂，在最繁华热闹的临街租了一处比原来大好几倍的房子，临街做铺面，里间做碾米厂。

就这样，王永庆从小小的米店生意开始了他后来问鼎台湾首富的事业。

小故事大道理

千里之堤，溃于蚁穴，注重细节非常重要。一个注重细节的企业才会稳步上升；一个注重细节的人才能够成为人才。江海不择细流，泰山不拒细壤，所以，大礼不辞小让，细节决定成败。

只要信心不被打碎

◇胡振国

[只要持之以恒,知识丰富了,终能发现其奥秘。
——杨振宁]

在那个阴雨绵绵的早晨,我正为高考落榜而沮丧万分,一个人沿着乡间小路郁郁而行。

不知不觉我已来到离村子很远的土窑前,猛抬头,看到那位近年才开始学习烧制瓦罐器皿的老人,他让我感到非常震惊:只见他大步走到窑前,眉都没皱一下,便抡起一根铁棍,咣咣咣,将一大溜刚刚出窑的形状各异、大大小小的瓦罐全部打碎。

我不解地走上前去,问老人为何将它们全部打碎。老人不紧不慢地说:"火候没掌握好,都有一点儿小毛病。"我惋惜地说:"可是你已经花费了很多的心血啊!"老人长吁了一口气:"那不假,可我相信下一炉会烧得更好些。"老人坚定的口气里,透着十二分的自信。

看到老人又坐在霏霏的雨丝中,再次从头开始,认真地、一点一点地做起泥坯。他那坚决推倒重来、成功在握的从容自若深深地打动了我——是啊，即使所有的瓦罐都打碎了也没有关系，只要心里执着的信心不被打碎，他就不愁做不出更加满意的瓦罐。

默默地，我朝老人鞠了一躬，转身跑回家中，背起行囊毅然加入到复读的队伍中。在一次次焦灼等待后，我终于如愿考进大连陆军学院。

是的，我们在生活中总会遇到种种失败，这时谁能咬紧牙关，告诉自己：我还有一样最宝贵的东西——不肯弯折的信心，谁就会在艰难中增添一股勇气，一股无所畏惧的力量；就会觉得脚还踏在土地上，血还是热的，路还没有完全断绝。闯下去，拼下去，用不肯投降的双手，打出的一定是一方令自己都无比惊讶的新天地。

小故事大道理

钢是在烈火中炼出来的，所以才坚硬！身处困境，经历一次次失败，内心仍要不屈不挠，不要在生活面前低头。只要怀揣着信心、有无畏的勇气，就会创造出一片新天地。

哥伦布立志发现新大陆

◇午腾

[点点滴滴地藏，集成了一大仓。
——佚名]

有一天，一位小男孩因迷恋大海，而翻箱倒柜地寻找爸爸的一本书。因为那本书上有关如何制作一只船的模型的知识。

书架上没有，床头柜上也没有，就连他父亲平时存放上等烟丝的地方都找了个遍，也没有见到那本书的踪影。万般无奈之下，他像一只小猫，钻进了父母的那张双人床下。

哟，床下还真是糟糕，不但有灰尘，还结了蜘蛛网呢！但工夫总算没有白费。

虽然没有找到那本关于船的书，但却找到了一本《马可·波罗游记》，是大旅行家马可·波罗亲历世界的散记，其中的很多情节深深地吸引着他。小男孩一遍又一遍地读着它，简直到了如醉如痴的地步，甚至连找关于怎样造船的书都忘得一干二净了。

他的弟弟对此很是不解，趁他不注意的时候，偷偷地走过来翻看了一下，但在不经意间把书给弄破了。

于是,小男孩大发雷霆,差一点就要将拳头砸向弟弟。

小男孩很羡慕马可·波罗的生活,从那时起,他便被美丽而传奇的故事所吸引,尤其是很希望到神秘的国度中去,他很想知道外面的世界到底会有多么精彩。

于是,他从不在意别人的质疑与嘲笑,开始关注气象方面的知识,开始锻炼自己的身体,开始搜集一些关于探险方面的个案……他开始做一个大胆的梦,那就是他想通过自己的努力向世人证明——最起码能证明,我们生活着的地球到底是什么样的。

为此,他的老师曾对学生们说:"我的一生,能引以为骄傲的是极有可能会出现一位伟大的发现者。"

最后,他被老师言中了,他真的成了"美洲大陆的发现者"——他就是哥伦布。

小故事大道理

理想是指路明灯。没有理想,就没有坚定的方向;没有方向,就失去前进的力量。有人活着却没有目标,他们在世间行走,就如同河中的一棵小草般随波逐流。人活于世,不要在乎别人的流言飞语,发现梦想,并为之奋斗,这样的人生才是幸福的。

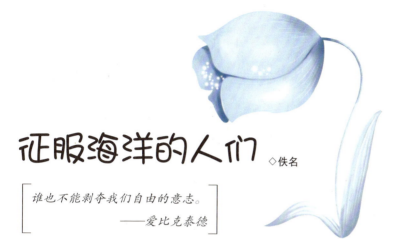

征服海洋的人们

◇佚名

[谁也不能剥夺我们自由的意志。
——爱比克泰德]

巴乌斯住在里加海滨一幢暖和的小房子里。

房子紧靠海边,但如果要去眺望大海,还需走出篱笆门,再走一段积雪覆盖的小径,洁白的雪一直伸延到海水的边缘。

当海上掀起风暴,听到的不是海浪的喧嚣,而是浮冰的碎裂和积雪的沙沙声。

向西,在维特斯比尔斯方向,有一个小小的渔村。这是一个很普通的村落:迎风晒着渔网,到处是低矮的小屋,烟囱里冒出袅袅炊烟,沙滩上横放着拖上岸的黑色机船,还有生着卷毛的不太咬人的狗。

在这个村子里,拉脱维亚的渔民住了几百年,一代一代地接连不断。还是像几百年前一样,渔民们出海打鱼;也是像几百年前一样,不是所有的人都能平安返回,特别是在那波罗的海风暴怒吼、波涛翻滚的秋天。但不管情况如何,不管多少次,当人们听到自己

伙伴的死讯时，就不得不从头上摘下帽子，但他们仍然继续着自己的事业——父兄遗留下来的危险而繁重的事业，他们是永远不会向海洋屈服的。

在渔村旁边，迎海矗立着一块巨大的花岗岩。还是在很早以前，渔民们在石上镌刻了这样一段题词："纪念在海上已死和将死的人们。"这条题词从很远的地方就可以看到。

当巴乌斯得知这条题词的内容时，感到异常悲伤。但是，一位拉脱维亚作家对他辨析这条题词时，却不以为然地摇摇头，说："恰恰相反，这是一条很勇敢的题词。它表明，人们永远也不会屈服，无论在什么情况下都要继续自己的事业。如果让我给一本描写人类劳动和顽强的书题词的话，我就要把这段话录上。但我的题词大致是这样："纪念曾经征服和将要征服海洋的人们。""

小故事大道理

即使跌倒一百次，也要在第一百零一次站起来。渔村的人们在可怕的大海面前不曾屈服，每一次出海都冒着生命危险，但他们依旧继续着自己的事业。大海并没有吓倒他们，他们却把大海征服了。在事业面前，从来没有东西可以让人们屈服。

坚强地站起来
◇佚名

> 日日行，不怕千万里；常常做，不怕千万事。
> ——金樱

里·里士满在他的著作《动物园观察》中描绘了一只新生的长颈鹿如何学习它的第一课。

把一只长颈鹿带到世上是一个艰难的过程。长颈鹿胎儿从母亲的子宫里掉出来，落到大约三米下的地面上，通常后背着地。几秒钟内，它翻过身，把四肢蜷在身体下。依靠这个姿势，它第一次得以审视这个世界，并甩掉眼睛和耳朵里最后残存的一点羊水。然后，长颈鹿母亲便用粗暴的方式把它的孩子带到现实生活中。

长颈鹿母亲低下头，看清小长颈鹿的位置，将自己确定在小长颈鹿的正上方。它等待了大约一分钟，然后做出最不合常理的事——它抬起长长的腿，踢向它的孩子，让小长颈鹿翻了一个跟斗后，四肢摊开。

如果小长颈鹿不能站起身，这个粗暴的动作就被长颈鹿妈妈不断地重复。

阴雨后的晴空

小长颈鹿为站起来而拼命努力。疲倦时，小长颈鹿会停止努力。母亲看到，就会再次踢向它，迫使它继续努力。最后，小长颈鹿终于第一次用它颤动的腿站起身来。

这时，长颈鹿母亲做出更不合常理的举动。它再次把小长颈鹿踢倒。为什么？它想让它记住自己是怎么站起来的。在荒野中，小长颈鹿必须能够以最快的速度站起来，以免使自己与鹿群脱离，在鹿群里它才是最安全的。狮子、土狼等野兽都喜欢猎食小长颈鹿，如果长颈鹿母亲不教会它的孩子尽快站起来，与大部队保持一致，那么它就会成为这些野兽的猎物。

小故事大道理

人的生命似洪水在奔流，不遇着岛屿、暗礁，难以激起美丽的浪花。而那岛屿、暗礁便是生活中大大小小的阻碍、挫折，遇到时逃避不是办法，直起身来，勇敢地去迎接，一次没有成功，那么再努力一次，成功会在你的不懈坚持下变得服帖。

我想登上峰顶
◇佚名

> 我以为挫折、磨难是锻炼意志、增强能力的好机会。
> ——邹韬奋

有一个孩子，他从小有一个愿望——登上天下所有的名山。可是，他却是一个走路都要靠双拐撑着的孩子。每走一步，他都要付出比常人多一倍的力量。连一个正常人都很难——登上那些险峻的山峰，何况是他？

他把自己的愿望告诉爸爸妈妈，爸爸妈妈只是微微一笑；他把愿望告诉哥哥姐姐，哥哥姐姐劝他不要痴心妄想；他把愿望告诉同学，同学看了看他弯曲的腿，给他丢了两个白眼……他问自己：难道我真的是在痴心妄想吗？可是他的心却大声说：那就是你今生该去实现的愿望！你有这个力量，去实现自己的愿望吧！

于是，他开始默默地为自己的愿望做准备——他搜集各方面的资料，准备费用，寻找可以帮自己实现梦想的人，他一步一步地做着，没有告诉身边任何人。

当他背上背包站在所有人面前，告诉他们自己即将远行的时

候，所有的人都愣住了。

大家都拉着他，劝他不要去，但他仍然坚定地出发了。

就这样，他拄着一支拐杖，带着一架相机和一本又一本的地图册，登上了一座又一座自己想要攀登的山峰。

当家人和朋友收到他寄回的那些云蒸霞蔚的山巅的照片时，都惊呆了——有谁能想到，就是那个先天腿有残疾的孩子，就是那个弱小的孩子，凭着他的意志力，最终实现了他的全部愿望，登上了一座又一座山峰！

小故事大道理

一个双腿残疾的孩子说自己要爬山，别人听到后都觉得是十分可笑的，他不顾别人的讥讽、蔑视，在做好充分准备后向梦想的高山进发。他成功地登上了山顶，每一个人的心都被深深地震撼了。有志者事竟成，拥有远大的志向，再加上顽强的毅力，你会看到胜利的曙光。

比打耳光更有力量

◇马付才

> 泰山不让土壤，故能成其大；河海不择细流，故能就其深。
> ——李斯

在足球王国巴西，不会踢足球的男孩子，绝对不会招人喜欢。在那里，富人的孩子有自己的足球场地，穷人的孩子也有自己的踢球方式。球王贝利就出生在一个贫寒的家庭，他父亲是一个因伤退役的足球队员。贝利从小就显现出非凡的足球天赋，他常常踢着父亲为他制作的"足球"——用一个袜子塞满破布和旧报纸，捏成球形，外面再用绳子捆紧的东西。贝利经常露着黑瘦的脊梁，在门前那条坑坑洼洼的街道上，赤着脚练球。渐渐地，贝利有了点名气，许多陌生人开始跟他打招呼，还给他敬烟。贝利喜欢吸烟时的那种"长大了"的感觉。有一天，贝利在街上索要一支烟时被父亲发现了。贝利低下头，不敢看父亲的眼睛，因为他感觉到父亲的眼睛里有一种绝望的神情，还有一股恨铁不成钢的怒火。

父亲说："我看见你抽烟了。"贝利不敢回答父亲，一言不发。父亲又说："是我看错了吗？"贝利盯着父亲的脚尖，小声地

说:"不,你没有。"父亲问:"你抽烟多久了?"贝利小声为自己辩解:"我只吸过几次,几天前才……"父亲打断了他的话,说:"告诉我,味道好吗?我没抽过烟,不知道是什么味道。"贝利说:"我也不知道,其实并不太好。"贝利说话的时候,手不由自主地往脸上

捂去,因为他看到父亲抬起了手。但是,那并不是贝利预料中的耳光,而是父亲的拥抱。父亲说:"你踢球有点天分,也许会成为一名高手,但如果你抽烟、喝酒,那就到此为止吧!因为,你将不能在九十分钟内一直保持一个较高的水准,这事由你自己决定吧。"父亲说着,打开他瘪瘪的钱包,里面只有几张皱巴巴的纸币。父亲说:"你如果真想抽烟,还是自己买的好,买烟要多少钱?"贝利感到又羞又愧,眼睛里涩涩的,当他抬起头时,看到父亲的脸上已是老泪纵横……后来,贝利再也没有抽过烟。

他凭着自己的勤学苦练,成了一代球王。

小故事大道理

在教育孩子上应该讲究方法,用真诚的心与他交流,这样孩子们才会健康成长。

兜里只有五元钱 ◇佚名

[没有伟大的意志力,就不可能有雄才大略。
——巴尔扎克]

五十多年前,有一个年轻的中国人随着"闯南洋"的大军来到马来西亚,当他站在这片土地上时,兜里只剩下五元钱。

为了生存,他在这片土地上为橡胶园主割过橡胶,采过香蕉,为小饭店端过盘子……谁也不会想到,就是这样一个年轻人,五十年后,会成为马来西亚的一位亿万富翁。

他就是马来西亚巨亨谢英福,他的创业史被马来西亚人津津乐道。

很多人试图找到他成功的秘密所在,但他们发现,他所拥有的机会跟大家都是一样的,唯一的区别可能是他敢于冒险。他可以在赚到十万元的时

候，把这十万元全部投入到新的行业当中。这在那个动荡的投资环境中，一般人是很难做到的。

马来西亚首相马哈蒂尔也熟知他。当时，马来西亚有一家国营钢铁厂经营不景气，亏损高达1.5亿元。首相找到他，请他担任公司总裁，并设法挽救该厂。

他爽快地答应了。在别人看来，这是一个错误的决定，因为钢铁厂积重难返，生产设备落后，员工凝聚力涣散。这是个巨大的洞，无法用金钱填平。谢英福却坦然面对媒体，他说："当年来到马来西亚时，我口袋里只有五元钱，这个国家令我成功，现在是我报效国家的时候了。如果我失败了，那就等于损失了五元钱。"

年近六旬的他从豪华的别墅里搬了出来，来到了钢铁厂，在一个简陋的宿舍办公，他象征性的工资是马来西亚币一元。

三年过去了，企业扭亏为盈，盈利达1.3亿港元，而他也成为东南亚钢铁巨头。他又成功了，赢得让人心服口服。

谢英福面对成功，他笑着说："我只是捡回了我的五元钱。"

小故事大道理

当你终日为生活所迫的时候，不要自暴自弃，带着一个平常的心态，俯下身来从小的事业开始干起，一步一个脚印，踏实认真地钻研，总会获得喜人的成功。

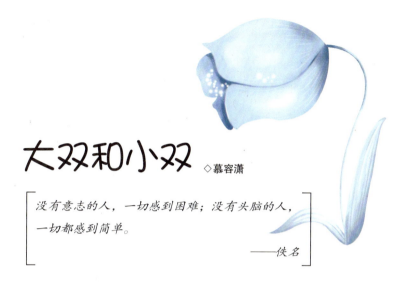

大双和小双

◇慕容潇

> 没有意志的人,一切感到困难;没有头脑的人,一切都感到简单。
> ——佚名

李小双出生于湖北仙桃市。

仙桃市位于湖北省中部、汉江南岸。汉置云杜县,隋改沔阳县,1986年改设仙桃市,以驻地仙桃镇而得名。农产品丰富,主要有水稻、棉花、小麦、大豆、芝麻等,特产"沙湖盐蛋"很著名。

李小双与双胞胎哥哥李大双仅仅相隔六分钟来到这个世界。对于李家来说,双子临门无疑是件大喜事,然而,对于这个收入菲薄的普通工人家庭而言,生活的担子无疑又增添了几分重量。迫于无奈,妈妈早早地给哥俩断了奶,大双被送到外婆那儿,小双则留在乡下爷爷奶奶家。直到五岁那年,哥俩才重新回到妈妈的身边。

家里太穷了,小哥俩根本谈不上什么营养,面黄肌瘦的,小肚子倒长得很大。就是这么两个不起眼的孩子,却由于一次偶然的机会,一起走上了体操之路。

那是一个夏天的傍晚,小哥俩在电影院门口的台阶上跳上跳下

地玩,引起了一位路人的注意。他就是湖北省仙桃市少年体校的校长丁霞鹏。从此,小哥俩有了一个更好玩的去处——体操房。

经过教练的三年"雕琢",小双达到了儿童甲级体操运动员的水平。九岁那年,他和大双一起离开家乡,来到湖北省体操队,投师于刘长胜教练门下。

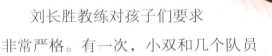

刘长胜教练对孩子们要求非常严格。有一次,小双和几个队员偷偷地学抽烟,被刘教练发现了,他气得大发雷霆,扬起手劈头盖脸地向小双打来。小双吓得闭起了眼睛,可是巴掌并没有打在他的身上,却狠狠地拍到桌子上,发出的声响,犹如一声长长的叹息回荡在小双的耳边。然而,这比打更刺痛了小双的心,他逐渐明白了一个道理:一个体操运动员不但要有良好的技术,更重要的是要懂得自尊、自爱和自强。

在李小双的童年时代和少年时代,没有电动玩具,没有巧克力,也没有父母的宠爱,但他的精神世界却是富有的,因为他的生命已经和他深深热爱的体操融为一体了。

1989年12月,李小双被调到中国体操队著名的教练黄玉斌门下继续深造。黄玉斌在国家队里是出了名的"狠教练",他的训练特点是严格、细致,再有就是训练量大,训练时间长。与小双同在

一组的有李敬、李春阳两位世界冠军，在众多的高手中，小双只能排在最末一个。"先练练再说吧。"小双这么想，可黄教练却郑重其事地宣布，让他准备冲击1990年亚运会，这可着实让小双吃了一惊，他咬咬牙，投入到了紧张的训练中。

大运动量、高强度的训练终于创造了奇迹：1990年亚运会上，李小双这个从未参加过国际比赛和全国成人比赛的默默无闻的后起之辈，居然一举夺得团体和自由体操两枚金牌，当时他只有十七岁。

小故事大道理

即使身世平凡，处境困难也不要自暴自弃，不向命运低头，不向挫折服软，我们要把步子迈得更大、更稳，踩过荆棘到达梦想的彼岸。

经历暴风雨的小花

◇佚名

> 二十岁的人，意志支配一切；三十岁时，机智支配一切；四十岁时，判断支配一切。
> ——哈代

有一棵小花，长在高大的松树下。松树茂密的枝叶为小花遮挡着风雨，小花感到非常幸运。

每当看到其他的小花被太阳晒得奄奄一息、被风吹得东歪西倒、被雨打得遍体鳞伤的时候，这棵小花总是高呼："我真是太幸福了！"

然而，好日子没过多久，有一天，来了一群伐木工人，把这棵大松树锯了下来。

"你们不能这样做！没有它我会死掉的……"小花哭着说。但是，电锯的声音太大了，谁也没注意到这棵小花微弱的声音。

小花哭得很伤心，它相信，没有了松树的遮挡，它很快就会因为风吹雨打而死掉。

初夏的太阳火辣辣地炙烤着大地，

阳光照在小花的花瓣上,它觉得皮肤钻心地痛。

"我要死了,我会被太阳晒死的……"小花伤心地想。它是多么怀念松树的树荫!

夏天森林的天气说变就变,刚才还是烈日当空,突然来了一片乌云,天阴了下来,风也呼呼地刮起来。

风的来势很猛,小花一边用根紧紧地抓住泥土,不让风把自己刮跑,一边伤心地想:要是松树还在多好,它会帮自己挡住这可恶的风的……风才停住,雨又来了。豆大的雨点打在小花身上,痛得它几乎要昏迷过去了。"我真是太可怜了,没有大树来帮我挡雨!"小花想。

很快,风雨过去了,小花感觉自己身上好像有了一些变化——它觉得自己变得更强壮了!

后来,那群伐木工人又来到森林里,其中一个看到了这棵小花。

"这是上次咱们看到的那棵小花。"他说,"不过经过风雨的洗礼,它变得更强壮,也更美丽了!"

小故事大道理

一帆风顺的人生一定是平淡的,富有激情和未知的梦想才是我们应该所追求的。逾越了一道道障碍,冲破一重重困难,纵然风再大,雨再大,不管怎样的困难,仍要选择坚持,风雨过后终会出现企盼的彩虹。

君子报仇

◇龙晓明

[使意志获得自由的唯一途径，就是让意志摆脱任性。
——黑尔]

有一个人很不满意自己的工作，他愤愤地对朋友说："我的长官一点也不把我放在眼里，改天我要对他拍桌子，然后辞职不干。"

"你对于那家贸易公司完全弄清楚了吗？对于他们做国际贸易的窍门完全搞通了吗？"他的朋友问他。

"没有！"

"君子报仇十年不晚，我建议你好好地把他们的一切贸易技巧、商业文书和公司组织完全搞通，甚至连怎么修理复印机的小故障都学会，然后辞职不干。"他的朋友建议，"你用他们的公司，做免费学习的地方，什么东西都通了之后，再一走了之，不是既出了气，又有许多收获吗？"

那人听从了朋友的建议，从此便默记偷学，甚至下班之后，还留在办公室研究写商业文书的方法。一年之后，那位朋友偶然遇到他："你现在大概多半都学会了，可以准备拍桌子不干了吧！"

"可是我发现近半年来,老板对我刮目相看,最近更总是对我委以重任,又升官、又加薪,我已经成为公司的红人了!"

"这是我早就料到的!"他的朋友笑着说,"当初你的老板不重视你,是因为你的能力不足,却又不努力学习;而后你痛下苦功,能力不断提高,当然会令他对你刮目相看。只知抱怨长官的态度,却不反省自己的能力,这是人们常犯的毛病啊!"

小故事大道理

赢得别人重视的不是无理取闹,而是骄人的成绩与高超的业务水平。唯有在自己的岗位上踏实地工作,付出辛勤的汗水,才能够得到满意的回报。

做最醒目的那一棵树

◇崔修建

> 一切痛苦能够毁灭人，然而受苦的人也能把痛苦消灭！
>
> ——拜伦

师大毕业，我被分到一个林区小镇的中学当老师。

语文组共有八位老师，我是其中唯一的名牌院校毕业生。刚参加工作时，我颇有激情地搞了一点儿教学改革，校长在教工大会上表扬了几句，加上我平时喜欢舞文弄墨，偶尔在报刊上发表一两篇"豆腐块"，很自然便成了办公室里的"出头椽子"，这惹来了别人的嫉妒。有的当面阴阳怪气地冷嘲热讽，有的私下里散布我的种种子虚乌有，让我烦恼而又无奈。

以前只在文学作品中看到过小知识分子的穷酸气和小肚鸡肠，这回我算是真的领教了。尽管我在同事们面前十分谦虚，从不显示自己那一点点的"与众不同"，努力用言行表明自己与大家一样平凡，可我还是受到了同事们的孤立，他们对我猜忌、躲避、挑剔，很少有人跟我谈知心的话。

一天，我把心中的苦恼向谢老师倾诉。谢老师给我看一幅风景

画，那上面画了许许多多几乎一般高的杨树。在画面的左上角，有一棵参天挺拔的杨树特别醒目，虽然只画了不足一半，但它那超凡脱俗的壮美却是显而易见。

"小伙子，这回你该明白'出类拔萃'这个成语的含义了吧？嫉妒，是人之常情，但我们嫉妒的往往是略微比自己强的人，你见到谁嫉妒那些成就非凡的伟人？人们对远远超出自己的人只有敬佩。就像这棵醒目的大树，别的树对它只有仰慕，只有学习和努力地追赶……"

哦，我懂了——面对嫉妒和误解，没必要抱怨、消沉、妥协，没必要为适应别人而改变自己。最好的选择，就是把自己的长处发挥得更加淋漓尽致，努力争取出类拔萃。

小故事大道理

如果你是一个自认为很优秀却正在饱受被别人嫉妒的人，你是否想过要将与众不同的自己改变为普通的人，以适应别人？事实上不必那样，人们嫉妒的对象都是比自己稍微强一点儿的人，所以想让自己轻松一点儿就应该让自己变得更强。

愚公移山

◇佚名

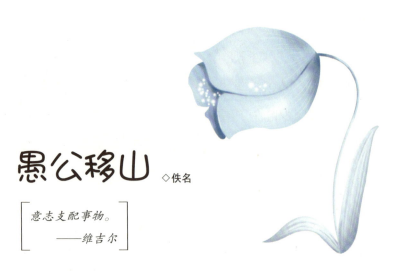

[意志支配事物。
——维吉尔]

在山西省境内，而今耸立着太行和王屋两座大山，占地七百余里，高逾万丈，据说是从冀州与河阳之间迁徙而来。

那还是在很久很久以前，有位名叫愚公的老人，已经快九十岁了，他的家门正好面对着这两座大山。由于交通阻塞，与外界交往要绕很远很远的路，极为不便。为此，他将全家人召集到一起，共同商议解决的办法。愚公提议："我们全家人齐心合力，共同来搬掉屋门前的这两座大山，开辟一条直通豫州南部的大道，一直到达汉水南岸。你们说可以吗？"大家七嘴八舌地表示赞同这一主张。

这时，只有愚公的老伴有些担心，她瞧着丈夫说："靠您的这把老骨头，恐怕连魁父那样的小山丘都削不平，又怎么对付得了太行和王屋这两座大山呢？再说啦，您每天挖出来的泥土石块，又往哪儿搁呢？"儿孙们听后，争先恐后地抢着回答："将那些泥土、石块都扔到渤海湾和隐士的北边去不就行了？"

决心既下,愚公即刻率领子孙三人挑上担子,扛起锄头,干了起来。他们砸石块、挖泥土,用藤筐将其运往渤海湾。他家有个邻居是寡妇,只有一个七八岁的小男孩,也跳跳蹦蹦地赶来帮忙,工地上好不热闹!任凭寒来暑往,愚公祖孙很少回家休息。

有个住在河曲名叫智叟的人,看到愚公率子孙每天辛辛苦苦地挖山,感到十分可笑。他劝阻愚公说:"你也真是傻帽到家了!凭着你这一大把年纪,恐怕连山上的一棵树也撼不动,你又怎么能搬走这两座山呢?"

愚公听后,不禁长长地叹了一口气。他对智叟说:"你的思想啊,简直是到了顽固不化的地步,还不如那位寡妇和她的小儿子呢!当然,我的确是活不了几天了。可是,我死了以后有儿子,儿

子又生孙子，孙子还会生儿子，这样子子孙孙生息繁衍下去，是没有穷尽的。而眼前这两座山却再也不会长高，只要我们坚持不懈地挖下去，还愁挖不平吗？"面对愚公如此坚定的信念，智叟无言以对。

当山神得知这件事后，害怕愚公每日挖山不止，便去禀告天帝。天帝也被愚公的精神感动了，于是就派两个大力士神来到人间，将这两座山给背走了，一座放到了朔方的东部，一座放到了雍州的南部。从此以后，冀州以南一直到汉水南岸，就再也没有高山挡道了。

小故事大道理

一日一钱，千日千钱；绳锯木断，水滴石穿。愚公日复一日坚持不懈地搬运山石，虽然山很庞大，自己的力量很渺小，但他从没说过放弃，最终能如愿以偿。拥有一份持之以恒的精神，你可以跨越任何的艰难险阻。

第四辑
人生风湿症

在虚荣的世界,有太多人相信"成功人士"不一定要念完大学,并以盖茨为例,说盖茨也没有读完哈佛。但一个人的学业没有完成,是毕生的心理创伤,即使缝合了,也还在心头留下疤痕。

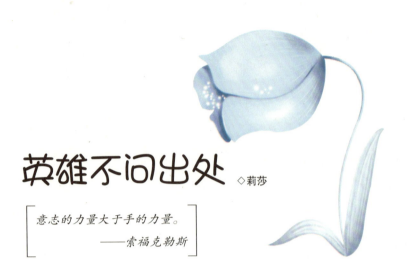

英雄不问出处

◇莉莎

[意志的力量大于手的力量。
——索福克勒斯]

当美国马塞诸塞州一个偏远山村的一家农户中传出一声响亮的婴儿啼哭时，乡村的宁静就被划破了。这个婴儿带给农户一家的既有为人父母的喜悦，又有对难以维持的贫困生活的担忧。用这个孩子后来在其自传中的话来形容，那就是"当我还在襁褓中的时候，贫穷就已经露出了它凶恶的面目。"

当这个婴儿渐渐长大、已经咿呀学语之时，父母为了维持几个孩子的温饱不得不同时打好几份工，但即使是这样，这家人依然一天只吃一顿饭，吃了上顿没下顿，时时面临饥饿的威胁。就在这个孩子刚刚记事时，他就比有钱人家的同龄孩子们懂事得多，这可能就是人们常说的"穷人的孩子早当家"吧。在那时，当他稍稍感到饥饿时是不会向母亲要东西吃的，只有在感到非常饥饿时才会用一双深陷在眼窝中的眼睛观察母亲，如果看到母亲脸上的表情不是十分严肃，他就会伸出一双小手向母亲要一片面包。

贫困使得这个家中的孩子们都没能受到完整的教育。本文的主人公更是在十岁就不得不出外谋生,当了整整十一年的学徒。学徒的工作又苦又累,如果不是被逼无奈,没有任何一对父母愿意让孩子受如此的苦难。

当结束了充满血泪的学徒生涯之后,这个孩子又到遥远的森林里当伐木工,森林离家很远,而且当地除了几名一贫如洗的伐木工之外几乎没有人烟。在森林里当了几年伐木工以后,已经长成强壮青年的他又继续依靠自己的能力干其他工作。虽然这期间的工作都十分辛苦,但是他居然利用夜间休息的时间读了千余本好书,这些

书都是他在干完活儿后跑十几里山路从镇上的图书馆里借来的。就这样，他一边辛苦工作，一边从书本中学习知识、汲取智慧。

无论面临怎样的困苦和艰难，他从来没有抱怨过任何人和任何事，即使是面对极不公平的待遇时也仍然如此。

一次，他得知伐木厂附近的一家政府机构要招书记员。以他的能力和水平是完全可以胜任书记员这一职务的，于是工友们都支持他去报名，结果在报名时，一位负责人不屑一顾地对他说："要想成为这家机构的书记员，首先要有高等学历，同时还要有当地资金丰厚的人愿意担保。"这两项条件他都不符合。

当初拒绝过他的那位负责人可能怎么也不会想到，就这样一个几乎完全依靠自学获得知识的孩子竟然在四十岁左右的时候以绝对优势打败竞争对手进入美国国会，后来，又因为出色的政绩成为人们爱戴的美国副总统。

他就是美国历史上最优秀的副总统——亨利·威尔逊，无论是他本人，还是他为美国历史，都创造了令人瞩目的伟大成就。

小故事大道理

一个家庭的贫与富并不能决定他们孩子的成功或者失败。亨利·威尔逊出身贫寒，从小家庭便困难至极，而后来他却成为美国优秀的副总统。我们无法选择出身，但可以设立目标并为之投入巨大的努力，失败了再爬起来拍掉灰尘继续奋斗，也许下一个创造奇迹的就是你。

打开另一扇窗

◇姜钦峰

[有了坚定的意志,就等于给双脚添了一双翅膀。
——乔·贝利]

她出生才三个月的时候,医生诊断她患有先天性白内障,就算做了手术,视力也达不到0.1。这等于宣告她一辈子都将是盲人,父母便将她遗弃了。

当她十个月的时候,姥姥带她去医院做了手术。她左眼的视力恢复到在一米远的距离,能模糊地看见手指头,而右眼则完全失明,她的世界几乎只有黑暗。

在姥姥的严格管教下,凭着过人的听觉和触觉,她可以单独出门,甚至拿东西也不必摸索。长大后,她进入盲人学校学习钢琴调律,毕业后分配到一家钢琴厂工作。

一天,她乘公交车去上班,照例拿出盲人乘车证。由于从外表很难看出她是盲人,售票员怎么也不相信她,两人发生争执,结果她下车时被车门夹伤了胳膊。

半年后,她的伤好了,工作也丢了。

她知道得找份工作养活自己才行,那时北京有二十多家琴行,她就一家一家上门去应聘。无一例外,当她介绍自己是盲人时,别人先是惊讶地张大嘴巴,随即把头摇得像拨浪鼓:"盲人还能调琴?没听说过。"他们试都不试就把她打发走了。

连吃了几次闭门羹,她有些沮丧,谁让自己是盲人呢,不被人们相信也不足为奇。那天走在大街上,她突然灵机一动,心想反正别人也看不出她是盲人,下次应聘时干脆冒充健全人。拿定主意,她又来到一家规模较大的琴行。果然,经理没看出她有什么异常,就找出一台琴让她调,她调得很准。经理又找出一台破琴让她修,她很快又将琴修好了。

经理大为折服,当即说:"没想到你小小年纪又能调又能修,还非常熟练,你明天就来上班,月薪八百元。"她暗自洋洋得意,没想到略施小计就马到成功。

哪知道,经理却准备让她上门帮顾客调琴。偌大的北京,自己怎么找啊,她犹豫了一阵,只好如实相告:"其实我是盲人。"

经理一听,吓了一跳:"盲人?真没看出来。我听说过盲人可以调律,但没想到你调得这么好!"经理的这番话让她心里燃起一线希望,于是她趁热打铁地说:"盲人做钢琴调律在欧美已有一百

多年的历史了，我学的就是欧美先进技术，一定会让用户满意，也能给琴行赢得好的信誉。"

经理说："你的技术我看到了，但是你的工作只能是上门为用户服务，钢琴卖到哪儿，你就要走到哪儿。没人带你，你能找得到用户家吗？再说，路上那么多车，要是你在路上被车撞了，我还得负责啊。"

经理的话虽然说得直白，倒也合情合理，无懈可击，看来她只有打道回府了。

可她站着没动，稍加思索便反问道："北京一年要发生许多交通事故，到底撞死几个盲人？"

"不知道。"经理真被她问住了。

"一个也没有。"

"为什么？"

"俗话说：'淹死的全是会水的。'我看不见就会躲得远远的，汽车来了我就会尽量靠边儿。要是能上墙头，我肯定上墙了。"

她这短短几句话有理有据，而且幽默风趣。经理笑着说："没想到你还挺幽默，不过……"

她听经理话锋一转，情知不妙，赶紧说："您先给我一个月的时间去熟悉大街小巷，到时候您再决定要不要我。"话已至此，哪怕是铁石心肠的人也不忍断然拒绝。经理被她的睿智和执着感动了，便说："只要你能胜任，我非常乐意把工作交给你。"

一个月后，她果然熟悉了全北京的大街小巷，顺利地得到了这份工作。她在克服了常人无法想象的困难之后，渐渐地在琴行站稳了脚跟，而且一干就是几年。因为技艺精湛，她的名声越来越大，那家琴行的生意也越来越好。

就在老板准备重用她时,她却冷静地炒了老板的鱿鱼,开始做个体钢琴调律师。如今,她是中国音乐家协会钢琴调律学会注册会员,现任北京陈燕新乐钢琴调律有限公司经理,她就是著名的第一代盲人钢琴调律师——陈燕。

小故事大道理

上天如果给你关上一扇门,一定会给你打开一扇窗。不管你的命运如何,你存在什么样的缺陷,都不要气馁。仔细寻找,你会发现你的长处,它也许是一扇十分耀眼的窗子。当你用自己的努力与勤勉去发掘它后,你会发现命运其实就掌握在自己手中。

两群羊

◇杨汉光

> 意志坚强的人能把世界放在手中像泥块一样任意揉捏。
>
> ——歌德

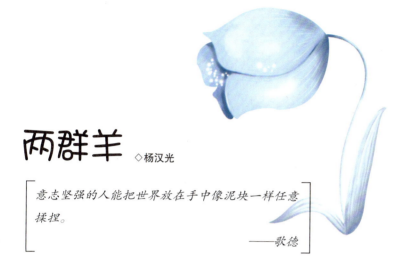

上帝把两群羊放在草原上,一群在南,一群在北;上帝还给羊群找了两种天敌,一种是狮子,一种是狼。

上帝对羊群说:"如果你们要狼,就给一只,任它随意咬你们;如果你们要狮子,就给两头,你们可以在两头狮子中任选一头,还可以随时更换。"南边那群羊想,狮子比狼凶猛得多,还是要狼吧。于是,它们就要了一只狼。北边那群羊想,狮子虽然比狼凶猛得多,但我们有选择权,还是要狮子吧。于是,它们就要了两头狮子。

那只狼进了南边的羊群后,就开始吃羊。狼身体小,食量也小,一只羊够它吃几天了。这样羊群几天才被追杀一次。北边那群羊挑选了一头狮子,另一头则留在上帝那里。这头狮子进入羊群后,就开始吃羊。狮子不但比狼凶猛,而且食量惊人,每天都要吃一只羊。这样羊群就天天都要被追杀,惊恐万分。羊群赶紧请上帝

换一头狮子。不料,上帝保管的那头狮子一直没有吃东西,正饥饿难耐,它扑进羊群,比前面那头狮子咬得更疯狂。羊群一天到晚只是逃命,连草都快吃不成了。

南边的羊群庆幸自己选对了天敌,又嘲笑北边的羊群没有眼光。北边的羊群非常后悔,向上帝大倒苦水,要求更换天敌,改要一只狼。上帝说:"天敌一旦确定,就不能更改了,必须世代相随,你们唯一的权利是在两头狮子中选择。"

北边的羊群只好把两头狮子不断更换。可两头狮子同样凶残,换哪一头都比南边的羊群悲惨得多,后来它们索性不换了,让一头狮子吃得膘肥体壮,另一头狮子则饿得精瘦。眼看那头瘦狮子快要饿死了,羊群才请上帝换一头。

这头瘦狮子经过长久的饥饿后,慢慢悟出了一个道理:自己虽然凶猛异常,一百只羊都不是自己的对手,可是自己的命运是操纵在羊群手里的。羊群随时可以把自己送回上帝那里,让自己饱受饥饿的煎熬,甚至有可能被饿死。想通这个道理后,瘦狮子就对羊群特别客气,只吃死羊和病羊,凡是健康的羊它都不吃了。

羊群喜出望外,有几只小羊提议干脆固定要瘦狮子,不要那头肥狮子了。一只老羊提醒说:"瘦狮子是怕我们送它回上帝那里挨饿,才对我们这么好。万一肥狮子饿死了,我们没

有了选择的余地,瘦狮子很快就会恢复凶残的本性的。"众羊觉得老羊说得有理,为了不让另一头狮子饿死,它们赶紧把它换回来。

原先膘肥体壮的那头狮子,已经饿得只剩下皮包骨头了,并且也懂得了自己的命运是操纵在羊群手里的道理。为了能在草原上待久点,它竟百般讨好羊群。而那头被送交给上帝的狮子,则难过得流下了眼泪。

北边的羊群在经历了重重磨难之后,终于过上了自由自在的生活。南边羊群的处境却越来越悲惨了,那只狼因为没有竞争对手,羊群又无法更换它,它就胡作非为,每天都咬死几十只羊,它早已不吃羊肉了,只喝羊心里的血。

它还不准羊叫,哪只叫就立刻咬死哪只。南边的羊群只能在心中哀叹:"早知道这样,还不如要两头狮子了。"

小故事大道理

在一个人的生命长河中,总会有种种的困难如巨石般阻碍自己,有的人被石头挡了回来,而顽强的人却在石头上激起了美丽的浪花,那是属于成功的花朵。当危险来到的时候,一部分人只顾着逃避眼前的危险,没有想到潜在的危机,而另外一少部分人却具有长远的眼光,懂得究竟什么是最主要的,结果便大相径庭,前者败,后者胜。

长得慢的树更能成才

◇江平

> 除了人格以外，人生最大的损失，莫过于失掉自信心了。
> 　　　　　　　　——培尔辛

他出生时难产，曾被认为是不祥之兆。三岁多了还不会说话，父母很担心他是哑巴，曾带他到医院检查过。后来他总算开口了，但说得极不流利，而且讲的每一句话都好像经过吃力的考虑后才说出来，到九岁入学时还是这样。上学后老师给他的评价是"智力迟钝、不守纪律"，同学们也不愿意和他交往。老师甚至毫不客气地对他父亲说："你的儿子将来不会有出息！"自卑的他想到了逃学。

父亲带他到郊外散心，父亲问："你知道那

两棵树叫什么名字吗？"他木木地说："不知道。""高的叫沙巴，矮的叫冷杉。儿子，你觉得哪种更珍贵？""应该是沙巴树吧，你看它那么高大。""错！长得快，木质一定疏松；长得慢，木质坚硬才好卖钱哪！而且，贪长的树不成材，别看沙巴树初期长得疯，三年之后就越长越慢了，我还未见过超出十米的沙巴树呢。冷杉则不同，别看它长得慢，但它始终如一地坚持生长，而且寿命极长，活上万年都不成问题。"说着，父亲把他领到一棵大树面前。这棵直插云霄的千年冷杉至今仍生机勃勃，枝繁叶茂。他仰头对父亲说："爸爸，你是想叫我做一棵树，一棵虽然长得缓慢但永远向上的冷杉树，对不对？"父亲满意地点了点头。

他不再逃学了。有一次手工课，他费了好大的劲儿才做出一只小板凳，受到老师和同学们的讥讽，但他仍然兴致勃勃地拿回家给父亲看。父亲和他一样高兴。因为通过这只制作粗糙的小板凳，父亲看到了儿子具有坚持就是胜利的韧性。

这个小男孩是谁？想必大家已经猜到，他就是后来举世闻名的科学巨匠爱因斯坦。

小故事大道理

还记得小学时老师在课堂上问我们梦想的时候我们的回答是什么吗？有科学家、天文学家、医生、老师等，然而到现在大家依然坚持当初理想的还有几个人？设定好目标只是漫长奋斗路程的一个开始，这个过程要求你坚定不移地前进，你可以短暂地休息，但是不可以停下脚步。

最好的面包店

◇佚名

[一个人总是有些拂逆的遭遇才好,不然是会不知不觉地消沉下去的;人只怕自己倒,别人骂不倒。

——郭沫若]

小熊猫面包店开张了!小熊猫面包店做出来的面包又香又甜又好看,大家都喜欢去买,面包店的生意红火极了!

看到小熊猫面包店的生意这么好,附近也陆续开起了几家面包店。

"新开了这么多面包店,你能竞争得过他们吗?"熊猫妈妈担心地问小熊猫。

"没问题!"小熊猫自信地说,"我的面包是最好的!"

可是熊猫妈妈还是很担心,因为有些面包店的面包价格很便宜。

"为什么他们的面包比你的便宜?"熊猫妈妈问。

"因为我用了最好的面粉和黄油。"小熊猫说。

"你就不能用便宜一点的原料吗?这样面包的价格就可以降低了。"熊猫妈妈说。

小熊猫看着妈妈,微笑着说:"妈妈,不行!这样我的面包就不是最好的了。"

有一天晚上，熊猫妈妈看到小熊猫没有做面包，而是在听音乐，就说："孩子，你再不做面包就来不及了。"

小熊猫回答道："妈妈，我现在心情有些浮躁，我想等自己心情好了再做。"

"心情好跟做面包有什么关系吗？"熊猫妈妈奇怪地问。

"好心情做出的面包也会带着快乐，它也可以给顾客带来快乐！"小熊猫解释说。

小熊猫的生意越做越好。《森林报》的记者小猴子来采访小熊猫，问他成功的秘诀。小熊猫说："我用最好的面粉和黄油，用一尘不染的器皿，再用快乐的心情去做面包，这样做出来的面包每一个都是尽善尽美的……"

大家都说小熊猫的面包是艺术品。后来小熊猫真的把他的面包店改成"小熊猫艺术面包店"。

小故事大道理

小熊猫本可以将面包用一些便宜的原料来做，这样可以在短期内赚更多的钱，但是聪明的小熊猫知道只有真材实料的面包才能真正赢得大家的口碑，他依然坚持做最好的面包。人们在做事情的时候也是一样，不能耍小聪明，要踏踏实实地学习、工作，尽自己所能把任务完成好。

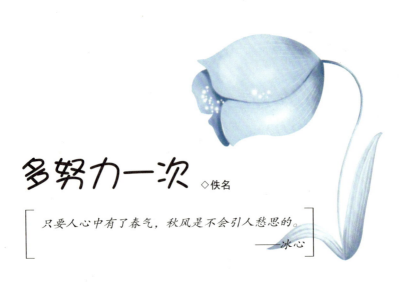

多努力一次

◇佚名

[只要人心中有了春气，秋风是不会引人愁思的。
——冰心]

一对从农村来城里打工的姐妹，几经周折才被一家礼品公司聘为业务员。

她们没有固定的客户，也没有任何关系，每天只能提着沉重的钟表、影集、茶杯、台灯以及各种工艺品的样品，沿着城市的大街小巷去寻找买主。五个多月过去了，她们跑断了腿，磨破了嘴，仍然到处碰壁，连一个钥匙链也没有推销出去。

无数次的失望磨掉了妹妹最后的耐心，她向姐姐提出两个人一起辞职，重找出路。姐姐说，万事开头难，再坚持一阵，也许下一次就有收获了。可妹妹不顾姐姐的挽

留，毅然告别了那家公司。

第二天，姐妹俩一同出门。妹妹按照招聘广告的指引到处找工作，姐姐依然提着样品四处寻找客户。那天晚上，姐妹俩回到出租屋后，妹妹求职无功而返，姐姐却拿回来推销生涯的第一张订单。

一家姐姐四次登过门的公司要召开一个大型会议，向她订购二百五十套精美的工艺品作为与会代表的纪念品，总价值二十多万元。姐姐因此拿到两万元的提成，淘到了打工的第一桶金。从此，姐姐的业绩不断攀升，订单一个接一个而来。

六年过去了，姐姐不仅拥有了汽车，还拥有一百多平方米的住房和自己的礼品公司。而妹妹的工作却走马灯似的换着，连穿衣吃饭都要靠姐姐资助。

妹妹向姐姐请教成功的真谛，姐姐说："其实，我成功的全部秘诀就在于我比你多了一次努力。"

小故事大道理

风雨过后方能见彩虹。也许眼前的生活是艰难的、贫穷的，然而你若能将它视为一种动力，拼尽全力地为自己的理想开辟天地，那道彩虹，也许在你还没有知觉的时候便青睐上你了。

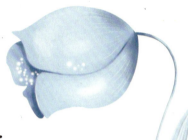

大师的学生

◇家贤

[种子不落在肥土而落在瓦砾中，有生命力的种子决不会悲观和叹气，因为有了阻力才有磨炼。

——夏衍]

一位音乐系的学生走进练习室。钢琴上，摆放着一份全新"超高难度"的乐谱。

他翻动着，喃喃自语，感觉自己对弹奏钢琴的信心似乎跌到了谷底，消磨殆尽。已经三个月了，自从跟了这位新的指导教授之后，他不知道为什么教授要以这种方式整他。他勉强打起精神，开始用十只手指头奋战、奋战、奋战，琴声盖住了练习室外教授走来的脚步声。指导教授是个极有名的钢琴大师。授课第一天，他给自己的新学生一份乐谱，并说："试试看吧！"乐谱难度颇高，学生弹得生涩僵滞、错误百出。

"还不熟，回去好好练习！"教授在下课时，如此叮嘱学生。学生练了一个星期，第二周上课时正在准备中，没想到教授又给了他一份难度更高的乐谱："试试看吧！"上星期的功课，教授提也没提。学生再次挣扎于更高难度的技巧挑战。

第三周,更难的乐谱又出现了,同样的情形持续着,学生每次在课堂上都被一份新的乐谱所困扰,然后把它带回去练习,接着再回到课堂上,重新面临难上两倍的乐谱,却怎么样都追不上进度,一点也没有因为上周的练习而有驾轻就熟的感觉,学生感到愈来愈不安、沮丧及气馁。

教授走进练习室。学生再也忍不住了,他必须向钢琴大师提出这三个月来何以不断折磨自己的质疑。教授没开口,他抽出了最早的那份乐谱,交给学生。

"弹奏吧!"他以坚定的眼神望着学生。不可思议的事发生了,连学生自己都讶异万分,他居然可以将这首曲子弹奏得如此美妙、如此精湛!

教授又让学生试了第二堂课的乐谱,学生仍然有高水准的表现。演奏结束后,学生怔怔地看着老师,说不出话来。"如果,我任由你表现最擅长的部分,可能你还在练习最早的那份乐谱,不可能有现在这样的程度。"教授,钢琴大师,缓缓地说着。

小故事大道理

压力是产生动力的催化剂,安逸的生活不会有压力,同样也缺乏进步。人们大多喜欢在自己擅长的地方投入更多精力,而排斥接触生涩的部分。但事实上只有不断接触陌生的、更有难度的东西,自己的能力才会得到提升。我们要放正心态,接受挑战,向更高的水平挺进。

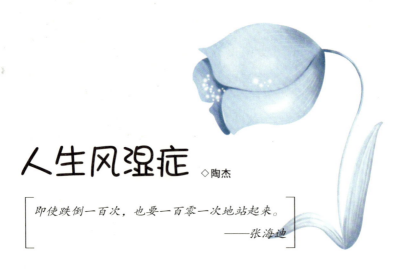

人生风湿症

◇陶杰

> 即使跌倒一百次，也要一百零一次地站起来。
> ——张海迪

大导演史蒂文·斯皮尔伯格决定回到加州大学修完当年还没有读完的电影系学分。

1965年，史蒂文·斯皮尔伯格在加州大学电影系二年级时拍了一部二十二分钟的短片，参加亚特兰大电影节。好莱坞的投资者看了，马上与他签约，斯皮尔伯格因此辍学，到好莱坞发展。事实证明这一步是对的，如果他当年不把握机会，而是坚持要完成学业，他或许成不了大师。

但四十年过去了，斯皮尔伯格虽然功成名就，他还是很介意年轻时的学业没有完成。夜深人静时，斯皮尔伯格总听到一个声音对他说，今天你是好莱坞权力最大的人，你的名字是年轻人名气、金钱的保证，但那又怎样呢？你曾经背弃过自己的承诺，无论再有钱、名气再大，你的品格还有个小小的污点，因为你曾经当过逃兵。

斯皮尔伯格回到大学，用假名重新注册插班，用假名考试交

卷,只有几个教授知道他的身份,他的功课与其他学生一起送交校外的学者审阅。课程要求学生交电影实习作业,斯皮尔伯格在《辛德勒的名单》中选取了十二分钟的影片,还交了《大白鲨》和《第三类接触》的片段。大学电影系助理教授凯利为他评分,给他成绩"良",评语是"该学生对音响、灯光、剪接和剧本管理颇有驾驭力"。

这位《侏罗纪公园》的主人还要辅修一门叫野生生物的学科。教授说他精于恐龙知识,上课谦卑有礼,除了有一天在课堂上把一只脚搁在书桌上之外。他向教授道歉,解释是前一天与儿子一起玩滑板扭伤了腿。教授提醒班上其他学生,不要对这个天王级的同学有什么崇拜的眼光,只把他当成普通人。学生做到了,没有向他索取签名,但在毕业典礼的那天,他们告诉父母:我与史蒂文·斯皮尔伯格同一年毕业。

在虚荣的世界,有太多人相信"成功人士"不一定要念完大学,并以盖茨为例,说盖茨也没有读完哈佛。但一个人的学业没有完成,是毕生的心理创伤,即使缝合了,也还在心头留下疤痕。终

有一天，我们会为年轻时一份没有交的功课、一项未完的工作，或辜负了的一个人而感到遗憾，醒悟一切名誉和财富都不能补偿。这样的遗憾像风湿症，通常在中年以后发作。斯皮尔伯格不惜代价治好了他的风湿症，他是一个有福气的人。

小故事大道理

好的机遇是难得的，在你的人生中如果有幸遇到，就要迅速抓住。为了远大的梦想，你可能需要暂时地失去另外一些东西，所以你还要学会选择。当你成功后，不要忘记曾经失去的那些东西，你应该再次拾起它们，这样你的一生才会不留遗憾。

把理想先放一放 ◇冯又才

[人的生命似洪水在奔流,不遇着岛屿、暗礁,难以激起美丽的浪花。
——奥斯特洛夫斯基]

那个炎热的夏天,大专刚毕业的我怀揣着自己发表过的近二十万字的作品,奔波于各大杂志社之间。因为从爱上写字的那一天起,我就已经将编辑这一职业摆在了我理想的精神圣地。对于我及我的作品,杂志社的老总们总是很和蔼地点点头,然后又很无奈地摇摇头。

我明白他们的意思:点头,是因为他们对我的肯定;摇头,是表示他们杂志社的人员已经饱和了,对于我及我的理想,一时之间恐怕爱莫能助。

看着他们如此重复的动作,我很是沮丧,但是我从未怀疑过自己的能力和理想。因为我知道,有时候,好机遇其实比好能力更为重要。

一段时间后,情况并没有好转。面对逐渐羞涩的口袋,以及自己一时无法实现的理想,我知道,此刻该是放下理想的时候了,因

为这个不济的时机。但放手绝不等同于放弃，待到时机成熟，我会再次捎起当初放下的理想，跨步前行。

一周后，我应聘进了一家广告公司，此时的我，在做好手里工作的同时，仍留心着，尝试着，盯紧着杂志社的大门。因为我知道，放下理想，并非是要丢弃理想，而是在等待时机。

十一个月后，省城的一家杂志社招聘两名编辑，面对众多的应聘者，杂志社的老总仍然能一眼就认出我。他拍了拍我的肩膀，告诉我："小伙子，就凭你能够将理想守了近一年，就凭你的耐性与毅力，我们要定你了！"

那一刻，我知道，我终于可以捎上自己的理想前进了。

生活中，我们经常会远离自己的理想，很多时候，并非是由于自身的原因，更多的是因为那个不济的机遇。其实有时候，我们只要将理想稍稍放手，让自己一边成熟，一边寻找时机，那么，时机成熟，理想自然就可以实现了。

小故事大道理

放下不是放弃，它是给你一些时间让自己变得更成熟，如果你找到了合适的时机，便能一鸣惊人。

第五辑
拯救自己的人

"我介绍的就是这个人。在这个世界上,只有这个人能够使你东山再起。除非坐下来,彻底认识这个人,否则你只能跳到密歇根湖里。因为在你对这个人有充分的认识之前,对于你自己或这个世界来说,你都将是个没有任何价值的废物。"

十年之后你会怎样

◇崔鹤同

[每一条河都有自己的方向，理想是指路的明星。
——佚名]

有一个女孩，在十八岁之前是个不知道自己想要什么的人，每天就在艺校里跟着同学唱唱歌、跳跳舞，偶尔有导演来找她拍戏，她就会很兴奋地去拍，无论角色多么小。直到1993年的一天，教她专业课的赵老师突然找她谈话，问她："你能告诉我，你未来的打算吗？"女孩一下子愣住了。她不明白老师怎么突然问她如此严肃的问题，更不知该怎样回答。

老师又接着问她："现在的生活你满意吗？"她摇摇头。老师笑了："不满意的话证明你还有救。你现在想想，十年以后你会怎样？"

老师的话很轻，但是落在她心里却变得很沉重。她脑海里顿时开始风起云涌。

沉默许久后她说："我希望十年以后自己能成为最好的女演员，同时可以发行一张属于自己的音乐专辑。"老师问她："你确定了吗？"她慢慢咬紧嘴唇："是。"而且拉了很长的音。

"好，既然你确定了，我们就把这个目标倒着算回来。十年以后你二十八岁，那时你是一个红透半边天的大明星，同时出了一张专辑。那么你二十七岁的时候，除了接拍各种名导演的戏以外，一定还要有一个完整的音乐作品，可以拿给很多很多的唱片公司听，对不对？""二十五岁的时候，在演艺事业上你要不断进行学习和思考。另外，你还要有很棒的音乐作品开始录制了。""二十三岁必须接受各种各样的培训和训练，包括音乐上和肢体上的。""二十岁的时候开始作曲作词，并在演戏方面要接拍大一点的角色……"

老师的话说得很轻松，但是她却感到很恐惧。这样推下来，她应该马上着手为自己的理想做准备了。可是她现在什么都不会，什么都没想过，仍然为演个小丫鬟、小舞女之类的角色沾沾自喜。她觉得一种强大的压力忽然向自己袭来。老师平静地笑着说："要知道，你是一棵好苗子，但是你对人生缺少规划。如果你确定了目标，希望你从现在就开始做。"

想想十年后的自己——当她意识到这是一个问题的时候，她发现自己整个人都觉醒了。从那时起，她就始终记得十年后自己要做最成功的明星。所以，毕业后，她对于角色开始很认真地筛选。渐渐地，她被大家接受了，同时也尝到了成功的欢乐。

2003年4月，恰好是老师和女孩谈话的十周年，她不知道是偶然

还是必然，她居然真的拥有了属于自己的第一张专辑——《夏天》。

这个女孩就是如今红遍全国、驰名海内外的影视歌三栖明星周迅。从1991年到2008年初的十七年，周迅已拍摄各类题材的影视剧三十七部，成为三十二种知名品牌形象代言人。她已获得过四十五个影视歌奖项，百花奖、金紫荆奖、金像奖、金马奖她都先后一一问鼎，她的歌曲也深受广大歌迷的喜爱。毫无疑问，所有这些成就的取得，正是周迅牢记老师的话，孜孜以求、奋斗不止的结果。

小故事大道理

十年，漫长却也短暂。对于满足于按部就班、平淡无奇生活的人来说，是漫长的；而对于富有伟大理想并设定好目标的人来说，是短暂的。人生不长，奋斗应该从小开始。及早规划，及早奋斗，可以让你比别人更胜一筹，离成功更近一步。

读书不怕惊雷贯耳

◇戴文俊

> 先相信你自己，然后别人才会相信你。
> ——屠格涅夫

  德国黑森州有一个城市名叫富尔达，位于富尔达河东岸，中世纪就是一个传教中心，后又成为欧洲的重要学术中心。其现代纺织业和服装业发达，是重要的银行和金融中心。

  布劳恩出生在富尔达市的一个商人家里。他小学和中学的学习成绩始终名列前茅，十六岁中学毕业后，即顺利地进入玛尔堡大学就读。由于自幼发育不良，他个头儿长得不高，在玛尔堡大学时，一位教授竟对他说："你还年幼，在我们这里可以多读几年，留几次级也没有关系。"

  就是这样一位其貌不扬的矮个子少年，却年年在各科考试中稳拿第一名。其后，他又转入著名的柏林大学深造，每次考试仍然把那些高高的大哥哥、大姐姐们抛在后面。布劳恩的成绩优异并不是凭借天赋，而是他有一套较好的学习方法。他善于读书，也善于休息。每当读书时，哪怕是惊雷贯耳，他也不会有什么反应，因为他

阴雨后的晴空

把整个精力都倾注到字里行间去了。他的同学常常说:"布劳恩读书时,你最好别去叫他,因为不管你怎么叫,他也不会听见的。"

每当读书累了,他便合上书本,出去活动活动,或是打球,或是和朋友谈心。待精神恢复后回来再学。

布劳恩不仅学习成绩好,而且还是运动场上的一名全能运动员。

毕业走上了工作岗位后,他一如既往,工作起来总是那么严肃认真。他在斯特拉斯堡大学任教授期间,凡是他经常来往的地方,到处都挂满了电线,像自己家里及朋友住宅旁的树上,甚至学校的旗杆顶上,都挂有他架设的电线,后来弄得妨碍了交通,警方不得不出面干涉。

有一年冬天,他正在专心致志地研究阴极射线。圣诞节到了,夜晚同事们照老规矩玩了整整一个通宵,他却没有参加。他到哪里去了呢?原来他压根儿就把过圣诞节的事忘得一干二净,正夜以继日地战斗在自己的实验室里。也正是在这个人们狂欢的圣诞节之夜,他成就了大业,为人类发明了电报技术。

小故事大道理

"两耳不闻窗外事,一心只读圣贤书"想必是大家耳熟能详的,但在学习和工作上又有多少人能够做到专心致志、一丝不苟?一个人不能骑两匹马,骑上这匹,就要丢掉那匹。聪明人会把凡是分散精力的事置之度外,只专心致志地去钻研一门学问,也只有这样才能学得精,学得好!

高贵的施舍

◇杨汉光

> 志当存高远。
> ——诸葛亮

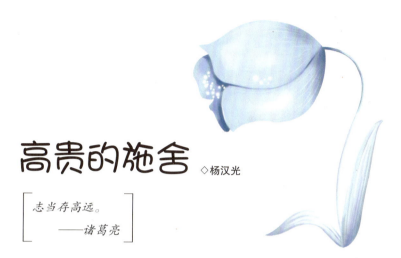

一个乞丐来到我家门前,向母亲乞讨。这个乞丐很可怜,他的右手连同整个右臂没了,空空的衣袖晃荡着,让人看了很难受。我以为母亲一定会慷慨施舍的,可是母亲指着门前的一堆砖对乞丐说:"你帮我把这堆砖搬到屋后去吧。"

乞丐生气地说:"我只有一只手,你还忍心叫我搬砖,不愿给就不给,何必刁难我?"

母亲不生气,俯身搬起砖来。她故意只用一只手搬,搬了一趟才说:"你看,一只手也能干活儿。我能干,你为什么不能干呢?"

乞丐怔住了,他用异样的目光看着母亲,尖尖的喉结像一枚橄榄上下滚动两下,终于伏下身子,用仅有的一只手搬起砖来,一次只能搬两块。他整整搬了两个小时,才把砖搬完,累得气喘如牛,脸上有很多灰尘,几绺乱发被汗水浸湿了,斜贴在额头上。

母亲递给乞丐一条雪白的毛巾。乞丐接过去，很仔细地把脸和脖子擦了一遍，白毛巾变成了黑毛巾。母亲又递给乞丐20元钱。乞丐接过钱，很感动地说："谢谢你。"母亲说："你不用谢我，这是你凭力气挣的工钱。"乞丐说："我不会忘记你的。"他向母亲深深地鞠了一躬，就上路了。

过了很多天，又有一个乞丐来到我家门前，向母亲乞讨。母亲又让乞丐把屋后的砖搬到屋前，照样给他20元钱。我不解地问母亲："上次你叫乞丐把砖从屋前搬到屋后，这次又叫乞丐把砖从屋后搬到屋前。你到底是想把砖放在屋后还是屋前？"母亲说："这堆砖放在屋前屋后都一样。"我撅着嘴说："那就不要搬了。"

母亲摸摸我的头说："对乞丐来说，搬砖和不搬砖就不一样了……"

此后又来了几个乞丐，我家的砖就屋前屋后地被搬来搬去。

几年后，有个很体面的人来到我家。他西装革履，气度不凡，

跟电视上那些大老板一模一样,美中不足的是,他只有一只左手,右边是一条空空的衣袖,一荡一荡的。

他握住母亲的手,俯下身说:"如果没有你,我现在还是一个乞丐;因为当年你叫我搬砖,今天我才能成为一个公司的董事长。"

母亲说:"这是你自己干出来的。"

小故事大道理

贫穷、丑陋、残疾都属于一个人的外在环境,我们无法将它改变,那么就改变自己的内心,让它变得乐观、顽强、自信。

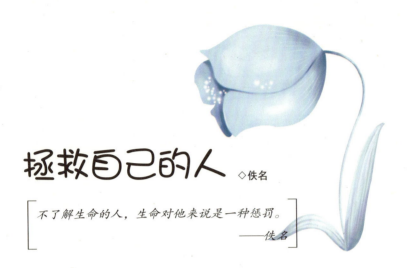

拯救自己的人
◇佚名

[不了解生命的人，生命对他来说是一种惩罚。
——佚名]

有一个生意人，他把全部财产都投资在一种小型制造业上，但是由于世界大战爆发，他无法取得他的工厂所需要的原料，因此只好宣告破产。金钱的丧失使他大为沮丧，于是他离开妻子儿女，成为一个流浪汉。他对于这些损失无法忘怀，而且越来越难过。到最后，他甚至想要跳湖自杀。

一个偶然的机会，他看到一本名为《自信心》的书。这本书给他带来了勇气和希望，他决定找到这本书的作者，请作者帮助他再度站起来。

当他找到作者并说完他的故事，那位作者对他说："我已经以极大的兴趣听完了你的故事，我希望我能对你有所帮助，但事实上，我却绝无能力帮助你。"

流浪汉的脸立刻变得苍白，他低下头，喃喃地说道："这下完蛋了，我该怎么办？"

作者停了几秒钟,接着说道:"虽然我没有办法帮你,但我可以介绍你去见一个人,他可以协助你东山再起。"

听到这番话,流浪汉立刻跳了起来,抓住作者的手,说道:"看在上帝的面子上,快带我去见这个人吧!"

于是作者把他带到一面高大的镜子前,用手指着镜子说:"我介绍的就是这个人。在这个世界上,只有这个人能够使你东山再起。除非坐下来,彻底认识这个人,否则你只能跳到密歇根湖里。因为在你对这个人有充分的认识之前,对于你自己或这个世界来说,你都将是个没有任何价值的废物。"

流浪汉朝着镜子向前走几步,用手摸摸自己长满胡须的脸孔,对着镜子里的人从头到脚打量了几分钟,然后退了几步,低下头,开始哭泣起来。

几天后,作者在街上碰见了这个人,几乎认不出他了。他的步伐轻快有力,头抬得高高的。他从头到脚打扮一新,看来是很成功的样子。

"那一天我离开你的办公室时还只是一个流浪汉。我对着镜子找到了我的自信。现在我找到一份年薪三万美元的工作,我的老板还预支一部分钱给我,我现在又走上成功之路了。"

他还风趣地对作者说:"我正要去告诉你,将来有一天,我还要再去拜访你

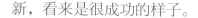

一次。我将带上一张支票,签好字,收款人是你,金额处是空白的,由你填上数字。因为你介绍我认识了自己,幸好你要我站在那面大镜子前,把真正的我指给我看。"

小故事大道理

能拯救自己的,不是别人,正是自己。自己战胜了自己,就会重新燃起对生活的渴求。那燃烧的小火焰不是别的,正是一个崭新的自己。

装满的瓶子

◇林子

> 愚蠢的行动，能使人陷入贫困；投合时机的行动，却能令人富裕。
> ——克拉克

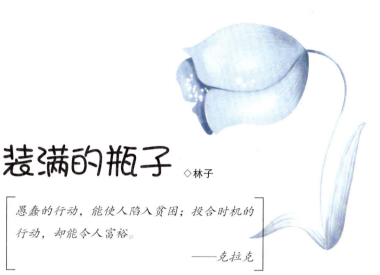

在一次上时间管理的课上，教授在桌上放了一个装水用的罐子，然后又从桌子下面拿出一些正好可以从罐口放进罐子里的"鹅卵石"。当教授把石块放完后问他的学生："你们说这罐子是不是满的？"

"是。"所有的学生异口同声地回答说。"真的吗？教授笑着问。然后再从桌底下拿出一袋碎石子，把碎石子从罐口倒下去，摇一摇，再加一些，问学生：

"你们说，这罐子现在是不是满的？"这回他的学生不敢回答得太快。最后班上有一位学生怯生生地细声回答道："也许没满。"

"很好！"教授说完后，又从桌下拿出

一袋沙子,慢慢地倒进罐子里。倒完后,再问班上的学生:"现在你们再告诉我,这个罐子是满的呢?还是没满?"

"没有满。"全班同学这下学乖了,大家很有信心地回答说。"好极了!"教授再一次称赞这些"孺子可教"的学生们。称赞完了后,教授从桌底下拿出一大瓶水,把水倒在看起来已经被鹅卵石、小碎石、沙子填满了的罐子里。当这些事都做完之后,教授正色问他班上的同学:"我们从上面这些事情得到什么重要的启示?"

班上一阵沉默,然后一位自以为聪明的学生回答说:"无论我们的工作多忙,行程排得多满,如果要逼一下的话,还是可以多做些事的。"这位学生回答完后心中很得意地想:"这门课到底讲的是时间管理啊!"

教授听到这样的回答后,点了点头,微笑道:"答案不错,但这并不是我要告诉你们的重要信息。"说到这里,这位教授故意顿住,用眼睛向全班同学扫了一遍说,"我想告诉各位最重要的信息是,如果你不先将大的'鹅卵石'放进罐子里去,你也许以后永远没机会把碎石子、沙子、水再放进去了。"

小故事大道理

每个人的一生都要有许多事情做,大到婚姻、事业,小到家务、购物。然而人的精力和时间都是有限的,这样,懂得区分轻重,学会取舍就成为一门学问。抓住重要的那部分,这是成功必不可少的积淀,错过了的也许就再也不会出现,完美地利用它,不要浪费每一个重要的机会。

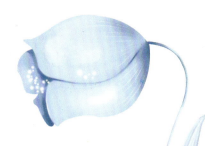

幸存者

◇唐世忠

> 悲观的人，先被自己打败，然后才被生活打败；乐观的人，先战胜自己，然后才战胜生活。
>
> ——汪国真

一天，一支探险队在考察溶洞时有五个人被困在洞中。他们尝试了各种逃生的方法，都失败了。洞外救援工作正在紧张进行，但估计需要十来天才能打通。而此时他们的干粮、水都已用尽，无法维持到救援成功的时刻。

饥荒、恐惧、绝望……就像这洞中的黑暗团团包围着他们。他们将身边能吃的东西，如皮带、皮鞋、衣料，甚至洞中的土等，都弄来吃了。再也没有其他可吃的东西，他们只好偎依在一起，相互安慰着。死亡正一步步向他们逼近。

队长詹尼福是个年轻的小伙子，他年轻、能干、活泼，大学毕业后来到探险队，被大伙推选为队长。

大伙奄奄一息，如果救援不及时，五人将面临死亡。面对这种无奈局面，詹尼福左思右想，终于做出了一个痛苦决定：与其大伙同归于尽，不如牺牲自己，维持他们的生命。此刻他想得最多的

是帕娅，一位美丽的姑娘，他们相爱已多年，如果他死去，帕娅将悲痛欲绝。然而，他除了牺牲自己救队友之外别无选择。

当詹尼福准备把这个决定说出来时，他忽然有一个想法，想考验一下四位队友，看谁能为了别人，甘愿牺牲自己。

于是他对队友们说："我们必须牺牲一人用他的血肉来维持其他队友的生命，不然……你们……谁愿意牺牲自己，奉献出躯体，你们谁愿意……"

他听不到一点儿声音，死一般寂静。他打亮了火机，看到的是队友们一张张恐惧的脸。

明天，詹尼福决定自杀，自己的血肉能供队友将生命维持到后天或更长时间，等救援队的到来。詹尼福为自己高尚的决定感到振奋。

这一夜，他睡得很香，梦中帕娅给他端来了牛奶、面包。睁开眼，他第一个看到的是帕娅，仿佛是在医院里，一位医生后面站着两名年轻的护士。

"詹尼福，亲爱的。可吓死我了，你总算活过来了。"帕娅激动地吻着詹尼福。

原来，就在詹尼福决定自杀后睡着的那一夜——被困陷的第九天夜晚，救援队调集大量人力才打通了洞，但只有詹尼福活了下来。

其他四人因怕被队友们吃掉,手持石头做自卫状,在极度惊恐中死去。

小故事大道理

当你身处危险境地的时候,慌张只会加快你被死神吞噬的步伐。不要被自己的恐惧打败,不要让自己的懦弱占了上风。要冷静地思考,审时度势,心中始终抱有生存的希望,不放弃一丝可以存活的可能。

雕与沙漠

◇陈金安

> 春天不播种,夏天就不生长,秋天就不能收割,冬天就不能品尝。
>
> ——海涅

雕住在沙漠里。沙漠里没有泉水和森林,雕于是飞得很高,在高空盘旋,为要望见它所要望见的东西。它望见东方有渺渺茫茫无边无际的大海,北方有郁郁沉沉连绵千里的森林,西方有柔媚多姿忽飞忽舞的彩霞,南方有像平铺着天鹅绒一般的绿地。

雕于是往东海去汲水,去时五千里,而晚上必须回沙漠住宿,同时也是五千里。

雕往北方森林去采伐树枝,来回也各有五千里,晚上也回沙漠住宿。它往西方和南方去旅行,每天都飞一万里,晚上同样回沙漠住宿。

雕这样实在太忙碌、太辛苦了,所以东海说:"这么急急忙忙,又何必呢。多在我头上飞翔一会儿吧,看看我的领土,浏览浏览这儿的风景。我的领域可不小,还有很别致的岛屿和各种稀奇古怪的龙鱼海兽。你爱暴雨吗?等一会儿,它们就来了,也够你瞧

的。晚上，在海边的无论哪一个岩穴里，你都可以找到休息的地方……"

但是雕回答说："再见！我明天再来吧。"它汲了水，在海上飞了一会儿就回去了。

北方的森林也说："朋友，多留一会儿吧！天晚了，就住一夜再回去吧。你中意我这里吗？这里没有什么别的好处，就是从古以来还不曾有一个人走遍了我的境界，还能算是个大国哩。这里的人民也还朴实，可以同住的，他们只有一种脾气，就是男子喜欢跳舞，女人爱好音乐。你愿意见见他们吗？我可以介绍你和夜莺相识。我真希望你在这里多留几天，在我这里过夜，一闭上眼睛就是无穷的森林的梦，无论看见夏天的深绿，冬天的白雪，都不会有一个尽头的……"但是雕同样回答说："再见！我明天还会来。"就衔起一根枝条，在森林上面兜了一个圈子，便径直飞回去了。

西方花一般的云霞，对雕使尽了具有诱惑的婀娜媚态，说道："多陪我舞一会儿吧，我们就这样舞着舞着，一直舞上西天去，不再下来吧。哎，和你在一块儿，我是多么快乐啊！"

但是，雕和一切匆忙的旅客一样，同西方的彩霞齐飞了一会儿，就说："再见！你是多么美丽啊！"

南方的绿地，把自己打扮得像春天本人一样，对雕说："你怎么总是匆匆地在空中飞翔一会儿就走呢？下来吧，和我讨论一个问题：阳光加劳动加爱情，是不是等于生活？"

雕说："是的，我懂得春天了。但是，再见，我会再来的！"

雕晚上睡在沙漠中自己的窝里，常常因为白天的兴奋，长久不能入睡。那时雕就对自己说："的确，我成了一个事务人了，好像无所谓地忙个不休。但是，我难道不爱东方、北方、南方和西方

吗?它们都是那么优美啊。可是,我也实在舍不得晚上在沙漠怀里休息的那种滋味和早上在它上面盘旋的那种快乐呀。所以,这是真的:我已经有心要带大海的水、森林的枝叶、西方的彩霞和南方的春天到我的沙漠里,于是我将要更加忙碌不休哇。然而无论怎样我总要这样做,而且我总能完成我的计划的,我所爱的沙漠总有一天会产生泉水和森林的。虽然这个实际的目的,看起来好像是荒唐的幻想,但是,这是实在的,我自己想想都高兴。"

雕于是继续地往返奔波,并不以此为辛苦。

小故事大道理

绚烂的世界总会有太多东西让人流连忘返,心醉神迷。虽然它们很美丽,但却未必是每一个人都喜欢的。即使为自己所喜欢的需要付出更多的艰辛,也会心甘情愿。不畏惧困难,始终坚定地前行,尽尝甘苦之后会出现醉人的香甜。

巴西总统的第一任老师

◇刘燕敏

> 能够使我飘浮于人生的泥沼中而不致陷下去的,是我的信心。
>
> ——但丁

2002年10月27日,卢拉当选为巴西第四十任总统。这位工人出身的劳工党员,三岁在街上擦皮鞋,十二岁到洗染店当学徒,十四岁进厂做工,只读过五年小学。

在二十一世纪,能以如此卑微的身份登上总统宝座,是非常罕见的。许多传记作家都想揭开卢拉的成功之谜。前不久,卢拉总统前往一个名叫卡巴的小镇视察。该镇的小学请他带领学生上一节早读课,卢拉总统欣然同意。

卢拉总统领读的是一篇题为《我的第一任老师》的课文。读完后,一位同学怯怯地问了这么一个问题:"大胡子总统,您

的第一任老师是谁?"

卢拉总统深思了片刻,在课堂上简短地讲了这么一个故事:

也是像你们这么大的时候,我放学回家,在准备开门的时候,钥匙找不到了,当时我的爸爸在贝伦码头,妈妈去了一个叫蒂若卡的地方,他们星期天才能回来,怎么办呢?于是我转到房子的后面,想从窗户爬进去,可是窗子是从里面关死的,不砸坏玻璃就无法进去。就在我准备爬上房顶从天窗里跳进去的时候,邻居博尔巴先生看到了我。"你想干什么,小伙子?"他问。

"我的钥匙丢了,我无法从门进去了。"我说。

"你就不能想点办法吗?"他说。

"我已经想尽了所有的办法。"我回答。

"不会吧?"他说,"你没有想尽所有的办法,至少你没有请求我的帮助。"说着,他从口袋里掏出钥匙,把门给打开了。当时,我一下子愣住了。原来,我妈妈在他家留了一把我家的钥匙。

你如果问我,谁是我的第一任老师?我认为是博尔巴先生。

卢拉总统和同学们告别了,这个故事从此也就传开了。当这个故事传遍整个世界时,也许不会再有人对一个只有小学文化但善于以生活为师的人当选为总统感到惊奇了。

小故事大道理

一个人的智力是有限的,集思广益才会得到最让人满意的答案。遇到困难时,不要偃蹇地独自苦想,适当地求助一下身边的人,这样你会进步得更快。

不要相信命运

◇佚名

> 伟大的人之所以伟大，是因为他与别人共处逆境时，别人失去了信心，他却下决心实现自己的目标。
>
> ——佚名

威尔逊先生是一位成功的商业家，他从一个普普通通的事务所小职员做起，经过多年的奋斗，终于拥有了自己的公司和办公楼，并且受到了人们的尊敬。

有一天，威尔逊先生从他的办公楼里走出来，刚走到街上，就听见身后传来"嗒嗒嗒"的声音，那是盲人用竹竿敲打地面发出的声响。威尔逊先生愣了一下，缓缓地转过身。

那个盲人感觉到前面有人，连忙打起精神，上前说道："尊敬的先生，您一定发现我是一个可怜的盲人，能不能占用您一点点的时间呢？"威尔逊先生说："我要去会见一个重要的客户，你要说什么就尽快说吧。"

盲人在一个包里摸索半天，掏出一个打火机，放到威尔逊先生的手里，说："先生，这个打火机只卖一美元，这可是最好的打火机啊。"

阴雨后的晴空

威尔逊先生听了，叹口气，从西服口袋里掏出一张钞票递给盲人，说："我不抽烟，但我愿意帮助你。这个打火机，也许我可以送给开电梯的小伙子。"

盲人用手摸了一下那张钞票，竟然是一百美元！他用颤抖的手反复抚摸着钱，嘴里连连感激地说："您是我遇见过的最慷慨的先生！仁慈的富人啊，我为您祈祷！上帝保佑您！"

威尔逊先生笑了笑，正准备离开，这时盲人拉住他，又喋喋不休地说："您不知道，我并不是一生下来就瞎眼的，都是二十三年前布尔顿的那次事故！太可怕了！"

威尔逊先生心中一震，问道："你是在那次化工厂爆炸中失明的吗？"

盲人仿佛遇见了知音，兴奋得连连点头："是啊，是啊，您也知道？这也难怪，那次光炸死的人就有九十三个，伤的人有好几百，那可是头条新闻啊！"

盲人想用自己的遭遇打动对方，争取多得到一些钱，便可怜巴巴地说了下去："当时逃命的人群都挤在一起，我好不容易冲到门口，可一个大个子在我身后大喊：'让我先出去！我还年轻，我不想死！'他把我推倒了，踩着我的身体跑了出去！我失去了知觉，

等我醒来后,就发现自己已经成了瞎子,命运真不公平啊!"

威尔逊先生冷冷地说:"事实恐怕不是这样吧,你说反了!"盲人吃了一惊,用空洞的眼睛呆呆地望着威尔逊先生。威尔逊先生一字一顿地说:"我当时也在布尔顿化工厂当工人,是你从我的身上踏过去的!你长得比我高大,你说的那句话,我永远都忘不了!"

盲人站了好长时间,突然一把抓住威尔逊先生,爆发出一阵大笑:"这就是命运啊!不公平的命运!你在里面,现在出人头地了;我跑了出去,却成了一个没有用的瞎子!"

威尔逊先生用力地推开盲人的手,举起手中一根精致的棕榈手杖,平静地说:"你知道吗?我也是一个瞎子。你相信命运,可是我不信。"

小故事大道理

人是一种有血气、有思想、有意志力的高级动物,命运应该理所应当地掌握在自己的手中,也许在掌握命运的过程中会有阻碍,那么就扬起手中锋利的刀斩断刺人的荆棘吧!当你冲出深林,扒开挡在自己前面的最后一棵树时,你的眼前会出现一条宽阔而平坦的康庄大道。

乐羊子求学

◇佚名

[精诚所至，金石为开。
　　　　　——蔡锷]

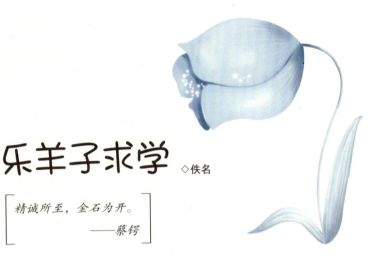

　　古时候有个叫作乐羊子的人，他娶了一位知书达理、勤劳贤惠的好妻子，她总是帮助和辅佐丈夫力求上进，做个有抱负的人。

　　妻子常常跟乐羊子说："你是一个七尺男子汉，要多学些有用的知识，将来好做大事，天天待在家里或者只在乡里四邻间转悠一下，开阔不了眼界，长不了见识，不会有什么出息的。不如带些盘缠，到远方去找名师学习本领来充实自己，也不枉活一世啊！"

　　日子一长，乐羊子被说动了，就按照妻子的话收拾好行李出远门去了。

　　自从那天和乐羊子依依惜别后，妻子一天比一天思念自己的丈夫，记挂他在异乡求学的情况，但她把这份惦念埋在心底，只是每天不停地织布干活儿来排遣这份心情，好让乐羊子安心学习，不牵挂自己和家里。

　　一天，妻子正织着布，忽然听见有人敲门。她过去开门一看，

简直不敢相信自己的眼睛,站在面前的竟然是自己日夜想念的丈夫。她高兴极了,忙将丈夫迎进屋坐下。可是惊喜了没多久,妻子似乎想起了什么,疑惑地问:"才刚刚过了一年,你怎么就回来了,是出了什么事吗?"乐羊子望着妻子笑答:"没什么事,只是离别的日子太久了,我对你朝思暮想,实在忍受不了,就回来了。"

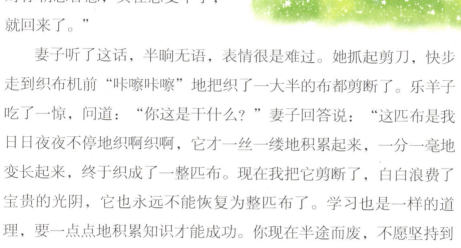

妻子听了这话,半响无语,表情很是难过。她抓起剪刀,快步走到织布机前"咔嚓咔嚓"地把织了一大半的布都剪断了。乐羊子吃了一惊,问道:"你这是干什么?"妻子回答说:"这匹布是我日日夜夜不停地织啊织啊,它才一丝一缕地积累起来,一分一毫地变长起来,终于织成了一整匹布。现在我把它剪断了,白白浪费了宝贵的光阴,它也永远不能恢复为整匹布了。学习也是一样的道理,要一点点地积累知识才能成功。你现在半途而废,不愿坚持到底,不是和我剪断布一样可惜吗?"

乐羊子听了这番话恍然大悟,意识到自己错了,不由得羞愧不已。他再次离开家去求学,整整过了七年才终于学成而返。

小故事大道理

水滴可以穿石,石聚亦能成山,水汇可以成河。不管是在学习上还是工作上,都应该循序渐进,点滴积累,积少成多,这样我们的知识就会既扎实又丰富。

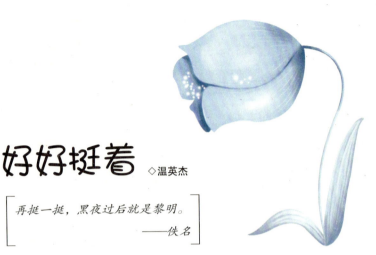

好好挺着

◇温英杰

[再挺一挺，黑夜过后就是黎明。
——佚名]

"好好挺着！"第一次听到这句话时，我正在一家银行贷款。那年，我才十八岁，刚接到一所师范大学的录取通知书。那时，父亲正病重，已在床上躺了一年。弟弟和妹妹还小，都在中学读书。于是，我这个长子便在万般无奈之下捏着村里的证明到区银行去借钱。

接待我的是位五十多岁、头发花白的老伯。他接过我的证明，略微一看，便抬起头细细地打量我。我的心中不由得惶惑起来，慌乱之中的我只穿了一条旧短裤与一件红背心，还赤着脚。

良久，他才淡淡地说："你就是那个刚考上大学的？"

我轻轻地"嗯"了一声，便低头装着看自己的脚丫。

那位老伯放下手中的证明，摸着花白的头发在窄窄的室内踱起步来。我慌了，心想这回准借不到钱。以前我曾听别人说过，现在向银行借钱，要先给红包，再给回扣，还要找经济担保人。可是我哪来的钱给红包，给回扣，找谁做担保？我想伸手去拿回证明，因为我事先已想好：万一借不到钱，我便不去读书，而去广东打工。我不相信我不能靠自己的双手来养家。"别动！"一声轻喝吓了我一跳。老伯慢慢地踱过来，轻轻按住我的手，问道："借多少？""起码要三千元。"我知道自己的学费要两千元，弟弟和妹妹至少要六百元，便轻轻地说。"三千元？能要这么多？"老伯惊疑地看着我。"是的，我们三兄妹都读书。"老伯便不再说什么，坐在桌边签写着一张发票。

当我捏着一叠钱正准备走时，那位老伯突然走过来，站在我的面前，目光定定地望着我。他把手搭在我的肩上，用力地摇了摇，说："小伙子，千万要好好挺着，以后的日子还很长。"那时，正是八月下旬，天气很闷热。我望着门外火辣辣的阳光，再看看手中的钱和那位老伯，泪便滚了下来。进了学校，办理好一切手续后，我便骑着一辆租来的单车吱吱呀呀地在城里转悠了几天。终于，我找到两份打工的差事：替别人守书摊和当家庭教师。每周有三天的下午，从一点到五点，我替别人守书摊；每周三、周五、周日，我给一个初二的学生辅导功课。

书摊的摊主是个很和善的老头。他说他已经摆了近十年的书摊，准备不摆了，可是他听完我的境遇后便雇了我，说还想再摆几年。我照看书摊很是认真。时间久了，老头便夸我这样的人难得，准会有出息。

可令我伤心的是，那个家教学生的母亲却很刁蛮，她不管自己女儿的功课底子如何，一定要求我将她女儿的成绩提高到某种程度。她还说拿了钱就得办事，就得办好事。

委屈的我在一个雨后的中午与书摊的老头说起这件事。老头听了，良久才抬起昏花的眼睛，说："再忍一忍，挺一挺吧，以后的日子还很长呢！"没想到在异地他乡，有一个萍水相逢的人对我意味深长地说出这个"挺"字。我不禁流下一滴热泪，也暗下决心一定要好好挺着。

大二时，父亲的病慢慢好了起来。这时弟弟和妹妹也相继接到大学与中专的入学通知书。那天，又是盛夏，我再次赤着脚，顶着火辣辣的太阳，去那家银行借钱。当时，我的贷款已达万元，银行的领导不想借了，让我去别处再想办法。

我没说什么，我知道我无法可想。我找到了那位曾给我签过借据的老伯。他没说什么，只是将我带到银行主任那儿，然后说："借给他吧，我做担保。"

我的鼻子一酸，眼泪再一次流了出来。我知道这万元的巨款若用我毕业后那二三百元的工资，就是还到猴年马月也还不清，我更知道届时银行将会对提供担保的人采取一定的措施。但没容我再想下去，老伯便牵着我走了。他又一次摇摇我的肩，说："小伙子，好好挺着，以后的日子还长呢。"

是的，以后的日子还长，我该好好挺着。两年前的某一天，当我和弟弟、妹妹还清最后一笔贷款时，这个信念又一次坚定起来。是的，不管日后的路途如何艰险，不管生活的风雨如何鞭打我稚嫩的双肩，我都不会妥协。我要选择坚强，好好挺着。

小故事大道理

不要惧怕黑夜中的迷茫，要知道，这只是生活给我们的考验。再挺一挺，黑夜过后就是黎明！

阅读反馈

_____学校 ____年级____班级 姓名_____指导教师_____

一、选择题

1.在《成功没有时间表》中，莱尼·丽劳斯塔尔什么时候开始学习潜水？（   ）

   A.20岁　　　B.50岁　　　C.60岁　　　D.68岁

2.在《难题最怕爱钻研的人》中，牛顿在火炉旁思考时发生了什么事？（   ）

   A.苹果掉下来了　　　B.马跑了

   C.袖子被烧着了　　　D.房子着火了

3.在《百折不挠的诺贝尔》中，诺贝尔发明了（   ）。

   A.电灯泡　　　B.雷管

   C.蒸汽机　　　D.自行车

4.在《做大自己的心劲》中，翁达志在美国表演了一个什么魔术？（   ）

   A.空钩钓鱼　　　B.割喉

   C.大变活人　　　D.空中飞人

5.在《残疾冠军》中，乔治在高低杠项目中获得（   ）。

   A.第一名　　　B.第二名

   C.第三名　　　D.第四名

6.在《适合自己的鞋》中，卡夫卡创造了什么艺术流派？（   ）

   A.意识流　　　B.儒家学派

   C.现代主义　　　D.表现主义

二、简答题

1.《征服海洋的人们》这个故事告诉我们一个什么道理?

2.你从《坚强地站起来》中学到了什么?

3.在《比打耳光更有力量》中父亲是如何教育贝利的?

4.《君子报仇》对我们的人生有哪些启示?